改革开放中的成都

大城崛起进行时

图书在版编目(CIP)数据

改革开放中的成都:大城崛起进行时/汤继强著.—成都:西南财经大学出版社,2020.10(2021.8重印)
ISBN 978-7-5504-4339-6

Ⅰ.①改… Ⅱ.①汤… Ⅲ.①改革开放—成就—成都 Ⅳ.①D619.711

中国版本图书馆CIP数据核字(2020)第013279号

改革开放中的成都:大城崛起进行时
GAIGE KAIFANG ZHONG DE CHENGDU:DACHENG JUEQI JINXINGSHI
汤继强 著

策划编辑:何春梅
特约策划:考拉看看 书服家
责任编辑:何春梅
衬页题字:邓代昆
封面设计:摘星辰·Diou
责任印制:朱曼丽

出版发行	西南财经大学出版社(四川省成都市光华村街55号)
网　　址	http://cbs.swufe.edu.cn
电子邮件	bookcj@swufe.edu.cn
邮政编码	610074
电　　话	028-87353785
照　　排	四川胜翔数码印务设计有限公司
印　　刷	四川新财印务有限公司
成品尺寸	170mm×240mm
印　　张	16.25
字　　数	213千字
版　　次	2020年10月第1版
印　　次	2021年8月第2次印刷
书　　号	ISBN 978-7-5504-4339-6
定　　价	68.00元

兴城与兴国

城市，人类的发明，人与自然对话最优美的结晶，人类文明进步的摇篮。

城兴，则国兴，兴城即兴国。从近现代城市化、城市群化的实践和一般规律，可见现代国家兴盛的一个缩影。

城市是人类文明的主要组成部分，城市也是伴随人类文明与进步发展起来的。农耕时代，人类开始定居；伴随工商业的发展，城市崛起，城市文明开始传播。其实在农耕时代，城市就出现了，但作用主要是军事防御和为举行祭祀仪式提供场所，并不具有生产功能，只是消费中心或者政治、军事中心。那时，城市的规模很小，因为周围的农村能提供的余粮不多。每个城市和它控制的农村，构成一个小单位，相对封闭，自给自足。学术界关于城市的起源有三种说法："社会分工说"认为随着社会生产力不断发展，一个民族内部出现了一部分人专门从事手工业、商业，一部分人专门从事农业的现象。从事手工业、商业的人需要有个地方集中起来，进行生产、交换。所以，有了城市的产生和发展。"集市说"认为随着社会生产力的发展，人们手里有了多余的农畜产品，需要有个集市进行交换。进行交换的地方逐渐固定，聚集的人多了，就有了市，后来就建起了城。“防御说”认为建城市的目的是为了不受外敌侵犯。

从城市的分类看，一是从人口规模的集聚效应进行垂直划分，人口规模巨大的城市称为“巨型城市”；二是从城市功能和城市作用进行水平划分，对世界经济具有重要性和对全球化过程具有重要作用的城市称为“世界级城市”或“全球城市”。无论从人口规模上的垂直划分，还是从功能内容上的水平划分，都离不开城市发展的目的。城市始终是为了增加人类自身的福祉和推动社会文明进步。城市的发展壮大是人类文明史的一个基本规律，城市的规模与城市化水平往往代表了人类文明的发展水平。人类历史的进步是城市化的进步，没有相当程度的经济和文化发展，大规模的城市将无法持续发展，城市化率亦止步不前。城市化的过程就是国家的兴盛或者复兴的过程。

纽约从19世纪开始建设城市公园——中央公园，城市发展的脚步始终没有停歇，2006年，纽约启动PlaNYC2030规划，提出“为建设一个更绿色、更伟大的纽约而努力”，纽约迈向建设智慧城市来驱动城市发展的新目标。纽约通过实施“Urban Tech NYC”市级加速器项目，对推动城市宜居、可持续与弹性发展的科技创新类企业进行投资支持，帮助企业共同构建智慧和可持续解决方案。这是西方城市的典型发展之路。

公元前256年，李冰修筑都江堰，成都平原从此“水旱从人，不知饥馑，时无荒年”，成就了成都天府之国的美誉，因此可以说成都是世界上最早出现的“生态城市”。五代后蜀主孟昶，曾在城墙上遍植芙蓉，人夸“四十里为锦绣”，这种城墙上大面积种花卉的现象，在中国建城史上绝无仅有。成都因之成了中华文明中第一个“花园城市”。成都端坐于盆地中央，千里沃野，千年繁华。青城山、西岭雪山像她的围墙，都江堰的滔滔江水赐予她灵动，龙泉山起伏的曲线像她的微笑，沱江连着远处的长江，顿时有了通江达海的宽广气韵。宋代诗人陆游的《梅花绝句》这样写道："当年走马锦城西，曾为梅花醉似泥。二十里中香不断，青羊宫到浣花溪。"当前，成都正在通过践行新发展理念的公园城市建设，使城市未来既充满智慧，又兼具文化与生态。成都从历史上的生态城市、花园城市再到今天的公园城市示范区建设，她以这种方式为中国城市甚至世界城市发展提供最新、最强的非典型样板和内生动能机制探索。

追溯城市发展史还可以发现，从最早的城市古巴比伦城"空中花园"的壮美奇观，到阿契美尼德帝国创造的公园雏形，再到纽约中央公园定义现代化的都市生活，人类追求理想城市的建设实践从未停止，城市理论不断推陈出新。1903 年英国社会学家霍华德在代表作《明日的田园城市》中首次将生产、生活、生态并列；1933 年法国建筑大师柯布西耶通过城市功能分区，刻画出"光辉城市"的蓝图；1977 年国际建筑师协会《马丘比丘宪章》提出"社会文化论"，此后又有森林城市、花园城市等理论。进入 21 世纪，伦敦、巴黎、东京、新加坡等世界级城市开始编制远景战略规划，对未来理想城市的形态进行展望和描绘，都清晰呈现出"价值判断·发展愿景·路径选择"的逻辑主线。价值判断回归营城初心，城市发展进步不再以"物"的生产为核心来衡量，而是回归到"人"的生活本源。

成都作为一个历史文化名城，也是一个非常传统的内陆城市，通过城市化，通过产业发展，通过对外开放，推进了城市的现代化，成为国家特大中心城市、西部内陆开放开发门户，向西、向南开放的重要窗口。

用开放的眼光，放眼全世界的城市、国家现代化进程去理解和解释中国的城市发展、国家进步，便能系统地理解城市对国家发展的决定性意义。在现代国家间的激烈竞争中，如何部署城市化发展战略，涉及国家竞争战略是否得当的重大问题。国家间竞争的优劣，在国家的城市发展战略上明显分出了高下。恰当的城市发展战略，是恰当的国家战略的重要组成部分。一言以蔽之，国家兴衰系于城市兴衰，国家未来系于城市发展。

从世界城市史的高度去观察，不难发现，城市的进步发展无不依赖于伟大的时代，无不成就于科学理论、先进理念的指引。城市战略演变既是一个应对变化、管理变化的过程，也是一个凝聚共识、坚定方向的过程。要胸怀中华民族伟大复兴战略全局，从世界百年未有之大变局交汇形成的独特历史景观，准确把握城市发展的历史与现实、环境与条件、目标与路径，审时度势、站高谋远，借势借力、追赶超越，推动城市功能定位、动力体系、营城逻辑、治理方式全方位变革。

城市，也是国家的一个符号和象征。远望美国纽约、英国伦敦，近看日本东京，无一不是透过一座城市的繁华和衰落，彰显一个国家的繁荣与衰微。城市化进程是一座城市不断前进的主要标志，也是国家发展、时代进步的主要推动力，中国的城市化进程意义极为深远。2001 年诺贝尔经济学奖获得者、美国经济学家斯蒂格利茨（Joseph E. Stiglitz）认为，中国的城市化和以美国为首的新技术革命是影响 21 世纪人类进程的两大关键性因素。当前，城市化水平、城市能级已成为衡量一个国家或地区进步和发展水平的重要象征，世界上的普遍实践都是以城镇化、城市群化来推动国家发展、地区发展的。

在人类历史伟大的兴城过程中，改革开放成为当今世界的整体潮流，也是中国的强国之路，使中国经济面貌发生了翻天覆地的变化。在改革开放春风的吹拂下，城市化、城市群化蓬勃发展，中国仅用 40 多年时间迅速成为世界第二大经济体。作为改革开放的城市化代表，深圳从一个名不见经传的小渔村，发展为世界瞩目的超级城市，奇迹般崛起于中国南方，成为驱动粤港澳大湾区经济发展的重要引擎。在城市群化的战略布局中，雄安新区成立使京津冀协同发展有了重要支撑，长三角的一体化为长三角地区成为中国经济第一极奠定了坚实基础。

谈到改革开放的代表城市，不得不提到内陆城市——成都。作为祖国广袤土地上的一颗璀璨明珠，成都历史上就有“执西南之牛耳”的说法。在国家大力推进改革开放的浪潮中，成都准确把握这一大好机遇，以经济建设为中心，大力推进体制改革，积极扩大对外开放，全市经济迅猛发展，人民生活水平显著提升，生态环境日益改善，社会事业全面进步，经济社会发展实现了历史性跃升，从区域中心城市正式迈入国家中心城市，未来有望成为竞争力强大的新型世界级城市。成都在成渝地区双城经济圈国家战略中发挥着重要的“极核”作用。

成都的崛起，离不开城市化。新中国成立初期，成都主城区的规模仅有18平方千米，截至2019年，这个数字已经被刷新为601平方千米，几十年间扩展了32倍，城镇化率达到73%以上，非农人口比重稳步提高，城镇体系逐步完善，城市形态向较高水平的大都市演进。

成都的崛起，离不开对外开放。作为北方丝绸之路、南方丝绸之路和长江经济带三大交通走廊和经济带的交汇点，大家熟知的蜀绣从这里走向世界；更早的夏布，四千年前就到达了埃及；世界上第一张纸币“交子”诞生于北宋时的成都……这个长江上游的政治、经济、文化中心，在历史上就已然是一个对外开放的门户。2018年，成都召开对外开放大会，鲜明地强调要把握新时代机遇，主动服务“一带一路”建设，坚持“四向拓展、全域开放”，高水平建设西部国际门户枢纽和内陆开放高地。

成都的崛起，离不开创新服务。近年来，成都在全国率先成立新经济发展委员会、城乡社区发展治理委员会，启动打造全球最大森林公园，打造全国首个金融众创空间，成立首个以城市命名的科技成果三权改革联盟，推出“5+X”服务项目等。在国家发改委《全国中小城市综合改革试点经验案例》中，成都成为试点城市中入选案例最多的城市，在福布斯发布的中国创新创业相关标榜单中，成都屡次入榜，其历史与现代成就无不彰显着自身的创新基因。今日成都，世界500强企业不断入驻、高水平高学历高质量人才倍增，城市政务环境、营商环境、生态环境不断优化。深度融入“一带一路”建设，热情参与成渝地区双城经济圈建设，依靠开放、科技、创新和文化的强劲动力，成都站在了中国经济转型升级的超级风口。

成都的崛起，离不开产业支撑。城市要进步，工业挑大梁，经济要发展，一业定乾坤。工业是现代经济的脊梁，是城市发展的动力和支撑。新中国成立初期，集中力量进行工业化建设成为当时中国产业发展的主基调。改革开放期间，成都利用有利的宏观经济环境和改革开放所激发的巨大生产热情，全面推动工业的发展，取得了速度和效益的全面增长。近年来，成都在推动创新创造、加快产业转型方面有了新的探索。尤其是在工业领域，坚持以创新创造为引领，抢占产业发展制高点，大力培育和发展先进制造业和战略性新兴产业，推动产业加快转型。致力于打造产业功能区、产业生态圈，构建起66个产城融合、职住平衡的产业功能区，14个高效协同、开放共享的产业生态圈。同时，积极推进金融科技发展，加速产业资本融合，聚力打造现代金融产业生态圈。由于较好地实现了产城融合和职住平衡，成都吸引了越来越多的优秀人才和企业，使其成为城市的体验者、共建者和共享者。2019年的数据显示，成都的地区生产总值高达17 012.65亿元，位列全国城市第一方阵，其中作为衡量现代经济发展程度主要标志的第三产业增加值达11 155.86亿元，增长8.6%。

成都的崛起，离不开科技引领。当前和未来的一段时间里，世界新一轮科技革命和产业变革浪潮与世界经济格局重塑交汇叠加，国内国际双循环发展新格局与经济发展方式转变同频共振，正重新定义未来城市产业体系、悄然重塑经济运行组织方式。成都以科技型企业为主角，以高品质科创空间为载体，构建“科学发现·技术发明·成果转化·产业创新·未来城市”一体贯通的全周期创新体系，努力在世界生产力革新中扮演更加重要的角色。成都搭建推动产业生态化和生态产业化、数字产业化和产业数字化平台，推动传统产业智能化改造和数字化升级，引导生产企业提升研发设计水平，引导流通企业构建新商业模式，增加商品与服务多样化供给，致力于将“成都休闲”“成都服务”“成都创造”“成都消费”打造成为世界级城市品牌。面向全球市场打造供应链体系，深入推进实施主导行业和头部企业的国际化战略，提升在国际经济循环中的生态地位。

我们发现，以成都为案例来分析城市的进步，就能找到城市发展的内在逻辑和动力机制。本书较为详尽地描述了成都几十年来，如何通过开放与世界发生关联，通过改革完善自身的城市肌理，为产业发展提供良好的外部环境，通过产业发展推进城市发展。这本书还告诉世界，成都，这座拥有几千年历史的文化名城，地处川藏高原、中国腹地，如何从千年前“蜀道难，难于上青天”的历史嗟叹中走来，筚路蓝缕、励精图治，一步步实现城市的现代化，在改革开放和城市发展中起到典范作用。对内，成为国家中心城市、美丽宜居公园城市、世界文化名城和向西向南的重要窗口；对外，成为“一带一路”国际枢纽城市、带动西部内陆区域崛起的重要开放门户。

今天的成都，正在演绎雪山下公园城市的今古传奇。

当生存需求得到满足后，人们对美好生活的向往更多体现在根据自己的个性偏好来选择生活在哪个城市和城市的哪个区域，这为我们通过生活城市特质集聚各类人才、实现后发超越提供了方向指引。从“窗含西岭千秋雪，门泊东吴万里船”的浣花溪，到登高西眺、雪山重现的当代现实图景，成都秉持人城境业高度和谐统一的城市理念，主动调整公共政策和服务方式，加快构建以人文、生态、审美、宜居为核心的城市场景供给体系，全力打造近悦远来、巴适安逸的生活城市和幸福家园，构筑起以事业成长性和生活宜居度为核心的综合竞争优势，正在成为高品质生活宜居地。

从改革开放初期的起步，到2020年的繁花盛开，成都以城市的强势崛起和蓬勃生机，见证了国家的沧桑巨变，实现了全面小康，开启了社会主义现代化强国建设新征程。

成都，雪山下的公园城市，紧握您的手，我们一起走向未来。

谨以此书，献给伟大的祖国和伟大的时代，也献给我深深爱恋的成都。

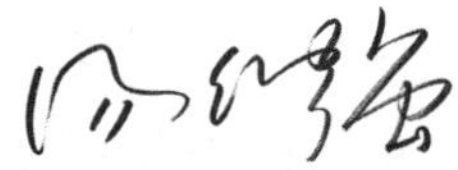

2020年9月于成都

目　录

产业篇

创新篇

未来篇

Industry

产业篇

成都作为一个西部内陆城市，在传统工业时代无疑是掉队了。但成都厚积薄发，在“变道超车”的发展道路上寻获到契机，在汽车、互联网、生物医疗等高技术行业奋起直追。英特尔、戴尔、富士康、本田、沃尔沃……这些知名企业为何纷纷选择进驻成都？稳坐国内手游头把交椅的《王者荣耀》、全球首台3D生物血管打印机又为何在成都诞生？或许可以用一句话来回答：成都，都成！

第一章
IT之城

2019年5月，成都市人民政府办公厅印发《关于促进电子信息产业高质量发展的实施意见》（以下简称《实施意见》）。《实施意见》提出：到2020年，全市电子信息产业主营业务收入突破1万亿元；到2022年，将成都打造成为全球电子信息高端研发制造基地和世界软件名城。

▷▷▷东郊时代

1958 年，位于成都东北角①，代号“715”的西南无线电器材厂（后改名宏明无线电器材厂）举行了开工典礼，标注着“1957”的双烟囱冒出滚滚浓烟，标志着成都电子工业发展迈出了第一步。

作为第一代建设者，退休前曾担任原成都国营红光电子管厂（简称“成都红光厂”）计划经济处高级经济师的程慧心，亲眼见证了东郊工业的崛起。这位 80 多岁高龄的老人至今仍能清晰地记起当时筹建的点点滴滴：“我从东大街的办公地点步行到东郊，要小半天的时间。成都的东郊片区那时非常荒凉、开阔、偏远。每个厂区的修建范围都用木桩圈起，就是这些木桩，划定了一个又一个东郊企业的厂区。”

发展起来的成都东郊，成为电子工业发展的摇篮，同时也是当时成都工业的重要基础和支撑。从某种程度而言，东郊的企业夯实了成都电子工业基础。未来成都的电子信息产业也由此启航。

据成都工业文明博物馆记录，东郊的工业企业曾经创下很多个全国第一。甚至可以说，从“三转一响”中的收音机，到后来的电视机、洗衣机、电冰箱、空调，再到现在的汽车、电子产品，老百姓的日常生活中都有成都东郊电子工业的身影。

以成都红光厂为例，中国第一个彩色显像管诞生于此。由于技术在同行内处于领先水平，1965 年电子工业部向成都红光厂下达了“试制彩色显像管”的任务。从 1962 年生产黑白显像管，到 1969 年投入全厂 1/3 的人力去做产品研发，再到 20 世纪 80 年代红光彩色玻壳研

---

① 现址为成都市成华区 SM 广场。

发项目获国家4亿元拨款，成都红光厂对中国电子工业的贡献被载入史册。

要知道，当时投资3 000万元以上的项目，都算是国家级的大型项目。作为研发彩色玻壳的负责人，原成都红光厂玻璃分厂厂长、副总工程师程长荫回忆说："如果项目搞不起来就只有跳楼了，没有第二条路。"当年成都的这些项目，大多数投入最少，收效最快。20世纪90年代初，彩色玻壳投入生产后，分厂年利润达到2亿元。

然而，1989年以后中国家电市场进入低谷，成都东郊大批电子工业企业开始走"下坡路"。

仍以成都红光厂为例。经过多次改制更名后，这个曾代表中国的高科技水平，被专家誉为"北有'首钢'、南有'红光'"的传奇企业，再不见往日的辉煌。

1993年5月，成都红光厂改制为股份制的成都红光实业股份有限公司，并在1997年获批向社会公开发行股票，但此举未能扭转成都红光厂的"衰落"。1999年，安彩集团以55%的股份与成都红光玻壳厂合作，成立了河南安彩集团成都电子玻壳有限公司（简称"安玻公司"）。

然而，安彩集团的介入也未能改变成都红光厂的命运。1996年下半年，成都红光厂的关键生产设备彩玻池炉就已出现废品率上升、不能维持正常生产等严重问题。安玻公司并未对成都红光厂的技术进行升级和改进，反而继续生产濒临淘汰的玻壳。在玻壳市场急剧缩水的情况下，安玻公司的经营状况日益恶化。

据了解，进入20世纪90年代后，大部分东郊企业相继陷入困境，生产规模和效益急剧下滑，经营困难。由于高能耗、低利润，到2000年时东郊众多企业平均负债率达到70%，大批企业资不抵债、濒临破产。

成都并不缺少工业企业，但在计划经济向市场经济转轨的过程中，成都的工业企业纷纷受到来自“市场化”的冲击，从公有体制向现代化企业转变，并出现“改制”矛盾，经历了企业结构调整带来的冲突……成都的工业企业最终未能跟上全球电子产业向高端产品发展的脚步，因而错过了扩大市场的最佳时机。

至此，成都东郊企业相继没落，东郊时代悄然而逝。

▷▷▷以托普为代表的成都 IT 产业的指路者

在成都东郊企业相继陷入困境的 20 世纪 90 年代初，在电子科技大学工作的宋如华与人合伙注册了“成都市成华区托普电子科技发展公司”，从买卖电脑起步。一年半后，托普为当时成都民间自发股票交易市场——“红庙子”交易厅配置显示屏设备，逐渐从“贸易代理公司”转型为“工程技术型企业”。

1995 年，当国内软件仍是高等院校、科研院所“束之高阁”的科研成果时，托普受税务局委托开发的税务软件就已“杀”向全国市场。除了计税软件，托普还开发出工商软件、条码阅读器、多媒体彩屏、条形屏、传呼屏等新产品，产值达到了 1 亿元。

尽管此后几年托普的发展波折不断，但是 1997 年 3 月中旬它终于得到了一个大展宏图的机会。托普建设西部软件园的申请得到了国家的正式批复，1997 年 5 月以托普为主体投资兴建的“西部软件园”入选首批 4 家国家火炬计划软件产业基地。这使得看似没有与先进技术挂钩的西部省份四川，在 IT 产业上有了“国字号”的品牌。

在当年政府鼓励发展民营高科技产业的宏观政策环境下，“西部软件园”犹如一剂催化剂，给托普带来了较高的社会关注度和良好的经济效益。在短短两年多时间里，托普在浙江、江苏、山东、上海、湖南、广东、陕西、辽宁等地相继建成了 27 个软件园，占地 1.4 万余亩（1亩≈0.0667公顷）。

1998年，托普通过买壳上市，与四川长征机床股份有限公司（简称“川长征”）达成股权转让协议。川长征采用现金支付的方式购买了托普发展持有的托普科技股份有限公司1 050万股法人股，按每股7.42元的价格，共计7 791万元。2001年托普实现产值55亿元，企业总资产近100亿元，员工近6 000名，跻身国家重点高新技术企业和国家级企业技术中心之列，成为国内最大的应用软件供应商之一和最大的软件出口企业之一。

迅速崛起的托普，成为四川信息产业的一面旗帜。2002年，在托普成立十周年庆典上，一张集团组织架构图表明，托普已发展为由托普控股、托普信息、迈托普、柯尔、托普教育、托普金融、托普生态园艺组成的集团公司。

然而，当托普面向全国招聘5 000名软件工程师时，其在资本市场上的风光却掩盖不了在市场销售和技术产品上的欲振乏力，这引发了业界的广泛质疑。2003年软件业暴利时代走向终结，托普等盲目扩张的明星企业的主营收入剧降，净利润一泻千里，潜在的问题也集中爆发。

2003年托普集团年收入为2.13亿元，亏损却高达4.01亿元，旗下多家子公司处于停业状态。四川、上海、浙江等地的托普软件园被查封的消息纷至沓来……

从“红庙子工程”的显示屏，到“金税工程”的税务软件，托普的发展无疑踏准了“节奏”。但遗憾的是，根基未稳的托普迅速且盲目扩张到众多领域，逐步在技术与市场上失去竞争优势。托普软件曾喊出的口号“放眼全国，放眼世界”，此时却成为托普不能承受之重。

今天来看，一方面，我们顺着托普这十年的发展历程可以寻到成都IT行业的发展轨迹；另一方面，通过托普的命运我们也能看出**20世纪末风起云涌的中国IT企业及行业所表现出的某种特性和状态。站**

在时代前沿的 IT 企业在引领时代发展的同时，自身也处在一种彷徨中。人往往是缺乏安全感的动物，而解决安全隐患的重要手段则是占据更多的资源，即使资源的增加意味着隐患的增大。从这点来说，托普的没落其实是时代发展的必然结果。托普作为 IT 行业的拓路者，是成都 IT 浪潮在繁盛之巅就似乎已经注定了它的结局。

与托普同处一个时期的迈普、卫士通、国腾，以及中国电子科技集团第 11 所、第 29 所、第 30 所等一大批龙头企业，都为成都电子信息产业的发展做出了不小的贡献。

20 世纪 90 年代初，当时的迈普董事长花欣筹集5 000 元资金在简陋的自行车车棚里开始了艰难的科技攻关；1993 年，MP1000 多路调制解调器问世，不仅填补了国内的技术空白，也让拥有包括花欣在内的共三名员工的迈普公司正式挂牌。如今，迈普科技园已成为成都建设国家信息安全成果产业化西部基地的起步工程。按迈普的说法，在中国，ATM 机每工作一次，至少 50%用到了迈普的技术。

与迈普集团一样的还有国内最大的信息安全产品供应商——卫士通信息产业股份有限公司（以下简称卫士通）。1998 年，卫士通由中国电子科技集团公司第 30 所发起成立，是国内首家专业从事信息安全的股份制企业，参与了大量国家信息安全行业标准的制定。2008 年，卫士通在深交所上市，成为中国“信息安全第一股”。

▷▷▷及时把握电子信息产业的重大机遇

从 20 世纪 90 年代初到 90 年代末的这段时间，在四川的 IT 行业经历一场动荡的同时，整个中国 IT 界也正处于同样的状态。对于这种状态，曾经有一位人做过这样一种描述：“如果你看过雨季的非洲大草原，你就明白了 20 世纪末的 IT 界。”

20世纪90年代，拉里·佩奇、乔布斯等人创造出的“硅谷奇迹”，引发了一轮“硅谷效应”，IT产业成为群雄逐鹿的行业高地。中国IT产业也乘势崛起，形成了长三角和珠三角两大IT产业集群。中国IT企业像雨后春笋一般，从各个不起眼的角落里成长起来。

1989年，一个叫史玉柱的浙江大学毕业生，拿着自己研究出来的M-6401桌面排版印刷系统软件，站在深圳的街头不知何去何从；从北京大学校园出走的方正创始人张玉峰，站在前途不明的路口张望；从中国科技大学毕业的研究生杨元庆，偶然走进了联想公司的销售部，那个时候，杨元庆自己也没想到自己的命运从此就要和这家公司绑在一起……

1991年，一个叫“巨人”的公司，在一夜之间名声大起，像突起的飓风，瞬间席卷了整个中国电脑行业。而令人诧异的是，这家“巨人”公司在构建起全国连锁经销系统的同时，只是在卖一种具有文字处理功能的M-6402汉卡①。就是这样一种单一的产品，却在当时销量一跃至全国同类产品之首。1992年，巨人集团资产超过亿元，巨人集团的子公司从38家发展至200多家。各地媒体争相报道创始人史玉柱的传奇故事，而史玉柱也乘着改革开放之风，接过“民族工业经济”的大旗。

巨人公司的崛起，无异于为中国IT界竖起了一个标杆，也为之注入了一剂兴奋剂。

20世纪90年代，可谓中国IT界的“战国时期”，巨大的市场和“你方唱罢我登场”的IT企业，在变幻莫测的中国IT市场上角逐。最后，在这场争夺战上，留下来的四大IT企业“逐鹿中原”，分别是巨人、大唐、中兴和华为，业界称之为“巨大中华”。

但事实证明，巨人集团的史玉柱就如同项羽，英雄最苍凉的时刻

① M-6402汉卡是M-6401的第二代，是在早期计算机使用中，为了提高计算机效率，减少在汉字输入过程中对储存器的访问而研制的。

莫过于辉煌后迎来末路。大量的专家研究过巨人公司从辉煌走向末路的发展史，他们出奇一致的观点是巨人的发展战略明显超脱现实，从发展之初，巨人集团就陷入了自己画好的民族经济圈牢中。但是，史玉柱的巨人集团却无可厚非地承载了那个时代中国IT人的梦想。甚至在巨人集团倒下之后，史玉柱还收到了很多IT青年的来信，信上说“史玉柱，你不能倒下，你是我们这一群人的梦想”。巨人倒下之后，大唐也步其后尘，“巨大中华”的“巨”“大”不复存在，只有“中”“华”两巨头存活下来。

巨人与大唐的陨落，让中国IT行业的聚集地从南方的经济特区转向了北方的中关村。在这里，中国IT界完成了从卖汉卡到卖PC整机的升级。**中国IT行业从巨人的废墟中刨出了一条PC机之路，PC机的崛起，使中国涌现出了一大批本土IT品牌：恒生、柏安、八亿时空等。**

在中国本土IT品牌崛起的同时，世界IT界发生了另一件意义深远的大事。在这段时间里，随着由西方17国组成的巴黎统筹委员会的解散，西方国家向中国出口计算机的禁令失效了。这意味着中国的本土品牌将面对更加激烈的竞争，这种竞争已经不单单是在中国的IT群体之间，而是中国的IT企业要与康柏、惠普和IBM等世界级的IT企业展开竞争。

占全球人口四分之一的中国，原本就是各国企业渴求进入的国度，因为这里有无可比拟的巨大市场。这次国际禁令的失效，帮早已蓄势待发的国际IT企业拆下了面向中国市场的最后一道防线。一时间，国内市场成为国际IT企业大鳄虎踞龙盘之地。据相关统计，1994年之前，在中国电脑市场，本土产品的比重为66%，而在这一年之后，本土产品在市场中所占的比例猛跌至22%。

于是，中国本土品牌与国际品牌鏖战的序幕拉开了。蓬勃发展的电子信息产业领域成了中国企业与国际企业竞争最为激烈的一块战场。联想在这次竞争中的表现最为出色，其案例也证明了IT行业的另一个特点，即电子信息产业在发展的过程中，步入国际化路线是不可避免的。

在品牌战之后，中国IT行业逐渐形成了外来企业与本土企业共存的态势，但凡留存下来的企业必须是国际化企业，这已成为共识。

理想很丰满，现实很骨感。对于那个满地梦想的时代来说，市场显然没有给人们的理想留有太多余地，大量尚未成熟的中国本土IT企业在这次竞争中败下阵来。

之后几年，对整个中国本土IT企业来说充满了灾难。面对国际IT企业的强势发展，中国本土IT企业根浅面窄，市场规划和产品竞争不成熟的硬伤就显现了出来。于是，中国本土IT企业在一轮轮的竞争中逐渐走出了中国IT舞台。不少企业在此之后，渐渐淡出了人们的视线，幸存下来的也免不了元气大伤。

无论如何，中国电子信息产业从20世纪90年代开始逐渐占据中国工业行业的主流地位。2008年，在工业和信息化部举办的改革开放30年电子信息产业成就展上，官方信息披露：1978年，中国电子信息产业销售收入是14.5亿元，而到了2007年，这个数据已经增加了3 861倍，销售额达5.6万亿元，产业规模居国内工业行业首位、世界前列。

而相对于IT行业蓬勃发展的沿海地区和中关村来说，内陆城市，尤其是西部地区的IT业发展滞后。

四川尽管也有乐山菲尼克斯半导体有限公司等与外资成功合作的案例，有成都托普集团等探路者的实践，但是总体上仍落后于东南沿海地区。成都市及四川省在20世纪90年代的全国电子信息产业版图中消隐了自己的身影。但是IT企业的发展浪潮，所带来的巨大冲击和发展势头是有目共睹的。

基于此，四川省政府和成都市政府及时把握住了电子信息产业所面临的重大发展机遇，一朝令行，将其列为六大支柱产业之首和实现对外开放、跨越式发展的产业。

2000 年 11 月 17 日，四川省委、省政府颁布《中共四川省委四川省人民政府关于加快电子信息产业发展的决定》，将电子信息产业作为主导产业，并将其列为全省的“一号工程”。同时，随着国家提出西部大开发战略，四川电子信息产业基本形成了以成都为中心，以绵阳、德阳、乐山、广元为重点的电子信息产业带。

2001 年，一个被称为“611”的成都市新世纪“一号工程”问世，明确了成都电子信息产业未来的发展目标。

当时的四川省信息产业厅厅长曾这样说过，把电子信息产业作为四川省的“一号工程”理由有三：一是只有加快电子信息产业发展，四川才能实现超常规发展；二是四川在内地，发展传统产业会受到地理交通的限制，而发展软件、半导体等高新技术产品受到的限制相对较少；三是四川聚集了大量的人才，而成都的人居环境在全国首屈一指，可以留住人才。

尽管发展过程中曾出现过“托普风波”等在业界影响甚广的事件，但是成都市对电子信息产业发展的重视程度丝毫未因此而降低，发展电子信息产业的信心丝毫未因此而动摇，成都电子信息产业发展的势头也丝毫未因此而减弱。

回看成都电子信息产业发展的前 10 年，这样的论断是有事实支撑的。**在成都，对电子信息产业的关注，不仅仅来自某个区域或某个部门，而是一座城市面对发展高新技术产业所形成的“成都共识”。**

2000 年，时任上海宝钢集团公司董事、副总经理的葛红林接到赴中国西南地区布点设厂的任务，他丝毫没有犹豫就直奔重庆，因为那里有市场。

事实也的确如此。当年“只有三根半烟囱”的成都，不能跟重庆、武汉、上海等工业化程度较高的城市相提并论，更谈不上影响力或发言权。

对成都而言，像重庆、武汉、上海那样发展传统工业模式，无疑是不适合的。然而，**成都在传统工业化时代的“落后”，反而成为其抢抓电子信息产业转移“黄金十年”的优势。**

在传统工业时代，成都无疑是掉队了。但成都抓住了文化建设、科教建设、人才培养、软硬件环境提升的机遇，最终厚积薄发，在“弯道超车、直奔高端”的发展道路上寻获了契机。

毫无疑问，实现“弯道超车、直奔高端”的操作之一就是发展电子信息产业。

2003 年 8 月，英特尔芯片封装测试中心最终选择落户成都。

2004 年 4 月 1 日，成都市人民政府颁布施行了《成都市鼓励软件产业发展的政策意见》（以下简称《意见》），对整合全市资源共同促进软件产业发展进行了分工。虽然政策出台时间晚于国内部分城市，但是这份酝酿时间长达两年的《意见》更具针对性和操作性，被视为政府加速推动软件产业发展的发力信号。

2005 年 5 月，为整合资源、集中力量推进软件产业发展，成都市正式建立由市长召集，市发改委、市经委、市科技局、市财政局、市外经局、市信息办、高新区管委会等参加的软件产业市长联席会议制度，每季度召开一次，集中听取软件产业发展情况汇报，协商解决产业发展中面临的重大问题。

2006 年 2 月，成都市召开了软件产业发展工作会，出台了《中共成都市委、成都市人民政府关于进一步加快推进软件产业发展的意见》，将软件产业定位为成都市战略性产业，优先发展。此次会议，被称为成都发展软件产业的标志性会议——就发展一个产业，专门召开全市性大会。

这几个动作，其实仅是成都市整合资源、全力推动电子信息产业发展的众多举措中的九牛一毛。以英特尔的“空降”为契机，成都市开始在全球电子信息产业版图中突围。其产业向心力可以在成都产生资金聚集、产业聚集和人才聚集效应，带动西部高新产业和经济的发展，并最终在成都形成一个巨大的西部地区经济发展增长极。

作为全球最大的芯片生产商，英特尔落户成都迅速产生了强大的聚合作用，吸引了国内外有关芯片业上下游企业到成都设点开厂，包括集成电路设计、研发、芯片封装测试、制造等多个方面。

紧跟英特尔的脚步，成都高新区内聚集起德州仪器、友尼森、摩托罗拉、爱立信、微软、联想、中芯国际、菲尼克斯、瑞特克斯、美国芯源、达尔科技、安捷伦、诺基亚、阿尔卡特、华为、富士通、飞思卡尔、凌成等中外电子信息产业巨头。成都集成电路产业总投资超过30亿美元，企业达近百家。

量变一定会引起质变。成都IT企业数量的累积，逐渐将零星入驻的IT龙头企业聚合成一条完整的IT产业链，为已经入川乃至准备入川的IT企业，构建起了又一个集安全性、可靠性、稳定性、前沿性于一体的IT产业环境。

伴随着英特尔为成都电子信息产业带来的一系列效应，成都市开始花大力气打造电子信息产业的硬实力：2005年5月，成都市正式提出将软件产业作为全市的“基础性、先导性和战略性产业”进行重点扶持、重点发展，在软件产业战略布局规划方面，成都高新区成为承载产业发展的核心载体。

长期研究“英特尔效应”的一位学者认为，英特尔落户成都的最大意义在于，当产业集群形成后，这个产业将成为这个城市真正的、别处无法复制的比较优势。从经济学上来讲，这种后天形成的比较优势，甚至可以成为一种独有的要素禀赋。有了这样的要素禀赋，就更容易扶持和招纳更多的优势企业，打造更多的产业集群，城市经济也就可以迅速发展。

在从分散到聚集的过程中，聚集1家企业，是这家企业认同了这个产业；聚集100家企业，是这一类企业认同了这个产业；如果聚集到更大程度、更大规模的企业群，那就意味着业界同行认同了这个区域、认同了这座城市。这样的聚集过程，也将必然形成产业由“量变”到“质变”的飞跃，而成都则在较短的时间内做到了这一点。

从成都IT产业发展的路径来看，我们无法否认，在20世纪末到21世纪初的这段时期，成都在产业搭建方面成绩亮眼。

四川省政府及成都市政府，在这段时间内，表现出了服务企业、积极促进的态度，为企业投资创造了有利条件。这无疑给外商留下了一个易于接触、乐于支持的印象，也为其入川投资解除了后顾之忧。由此，成都在这个特殊的企业环境下，结合自身优势，乘势而起，掀起了成都IT产业发展的浪潮。

时势造英雄，成都IT产业的腾飞既离不开相关决策层的敏锐果敢，也是时代发展的必然结果。

▷▷▷引入一批重大产业项目

2012年当成都成为全国第三个、中西部首个“中国软件名城”时，在世界500强企业中有超过40家电子类企业来蓉布局，其中全球软件20强中有13家、服务外包20强中有5家，世界上有八成苹果iPad平板电脑被贴上了“成都制造”的标签、每5台平板电脑中就有1台来自成都。

从四川省层面来讲，已基本形成以成都为核心的电子信息产业经济区。“水平看成都、规模看周边”的思路，使电子信息产业的核心以及技术含量高的项目环节留在成都市，而受土地和环境限制的项目则分流到下属市县或周边地市。

异军突起的成都以一个城市群、一个产业带的模式促进了全省电子信息产业的升级换代，从而使中西部 IT 产业集群赫然与珠三角地区、长三角地区和环渤海地区并列。而自 2009 年起一批国际巨头掀起的投资热潮，则让成都从众多中西部城市中脱颖而出，如磁石般吸引了世界关注的目光。

如果说英特尔宣布在蓉投资，是电子信息产业成为成都经济发展新引擎的起步之举，那么引入一批重大的产业化项目，则是成都电子信息产业真正崛起的标杆！

紧随其后，众多城市都在“争抢”的国际重大电子信息产业项目接踵而至，相继落户成都。德州仪器、戴尔、仁宝、联想、京东方、腾讯、华为……如此高的签约密度、如此多的世界级电子信息企业，既给成都带来了巨大的终端制造能力，也带动了众多上下游配套企业的落户，形成了年产值几千亿元的 IT 产业链，合力一举将成都的电子信息产业推上了世界舞台。

对于配套企业自身而言，是否西进取决于产业环境、市场容量和新设厂的成本权衡。成都给出的解决方案是，将供应链整合到西部地区，形成“立体构建”的发展模式。

此外，**承接全球电子信息产业转移的“黄金十年”，也为成都市本土电子信息企业的“脱胎换骨”带来了契机。**

不仅电子信息制造业在成都取得了傲人的成绩，而且软件与信息技术服务业也普遍看好成都未来的发展趋势。

如今，成都电子信息产业发展如火如荼。仅 2019 年上半年，成都市电子信息产业规模就达到 4 010 亿元，同比增长 16%，约占成都地区生产总值的 52%，位于全国乃至全球主要城市前列①。

---

① 经济参考报. 成都：全球电子信息产业版图新地标［EB/OL］.（2019-12-17）. http://dz.jjckb.cn/www/pages/webpage2009/html/2019-12/17/content_59833.htm.

英特尔："外商投资的教科书"

“在遥远的中国西南地区的成都市，仅仅一个周末，英特尔的芯片就卖出了6 000颗。那里的人民对IT充满热情，应该去那个地方看看。”1998年，时任英特尔公司总裁的贝瑞特，面对美国媒体专访，这样说道。

许多美国记者纷纷惊诧地拿起世界地图，寻找着贝瑞特口中这座名不见经传的城市。成都就是在这一刻走进了世界的视野。

而贝瑞特所言的这个“周末”，就是在中国西部IT界引起轰动的首届成都国际电脑节。

此刻，还在埋头寻找成都坐标的众多媒体没有意识到，这个尚未进入他们视野的中国城市正在一步步构建中国IT界的另一幅宏伟蓝图。直至5年之后，一则惊天动地的消息，才将他们正式领向“成都IT世界”。

2003年，全球第一大芯片制造大鳄英特尔将其在中国西部首个、也是唯一的封装测试工厂落户成都。英特尔的这次布局正式拉开了成都谋划良久的IT序幕，事实也证明英特尔的这次布局极为明智、正确。赴蓉10多年，英特尔在其原有的产业基础上，进一步扩大了全球市场，尤其是在具有巨大市场容量和发展前景的中国。以“亿颗”为数量单位的英特尔“成都芯片”走向全球，每两台笔记本中，就有一颗芯片来自成都。

循迹产业发展逻辑，英特尔无疑是中国西部 IT 产业的先行军。

如果说成都今天已经走出了一条不可复制的 IT 路，那么英特尔就是第一个将脚伸进这片草丛里的企业。因此英特尔西进所创造出的效益，也是其应得的“甜头”。

之所以如此评价英特尔，不单单是因其对成都 IT 领域的开拓意义，也归结于其能在 21 世纪之初这个对于中国 IT 界来说极其特殊的年代，超前做出异于常人、异于同行业其他企业的战略布局。这一步对中国 IT 产业“边强中空”的地域性划分有着不可忽视的影响。

在世纪交替之时，中国 IT 产业以长三角和珠三角为先行军，带动了中国沿海地区的 IT 产业建设。中西部地区虽然拥有广袤的土地和丰富的物产资源，但是对当时已经形成了规模的 IT 企业群体来说，在空白之地建立新的 IT 基地无异于徒手翻越一座雪山。

而英特尔先于全球的同行们翻越了这座雪山。当时的成都 IT 产业，甚至整个西部的 IT 产业都处于一个尚未开发的阶段。随着互联网时代的到来，成都虽有做产业的基础，但尚无“攀登”之力。一直到 2003 年 8 月 27 日，成都与英特尔合作签订协议，才打破了这一局面。

在西部大开发启航之时，成都被赋予了新的重任。这里，是英特尔 A7T7 项目的选址地；这一刻，是成都 IT 行业真正意义上融入全球产业分工的坐标点。英特尔当之无愧地成了成都 IT 产业开疆拓土的功臣。

▷▷▷从濒临出局到迎来转机

2003 年 8 月 26 日，成都迎来了决策层期盼已久的人——英特尔公司总裁贝瑞特。

26 日下午，时任英特尔总裁贝瑞特第三次造访成都，他此行的目的是要与成都一同向全球发布一个重要的信号：英特尔公司芯片封装项目落户中国西部，选址成都。

这个看起来很是让人意外的决定，其实早就悄然形成。英特尔与成都的前期合作铺垫了数年，其中的难度超过预想。其间，成都甚至一度面临着“出局”的风险。

要讲这个历时数年且赢得并不轻松的选址故事，还得回到 2001 年的春天。

2001 年 2 月 5 日下午 4 时，两位神秘的女士出现在成都高新区，她们是时任英特尔（中国）有限公司政府关系总监的王黎和税务经理潘丽敏。这两位女士此行只有一个主题：为英特尔投资中国西部进行可行性考察。

英特尔作为世界 IT 企业中的翘楚，对所在区域的经济、科技、技术等方面的带动作用是显而易见的。此次对中国西部地区的考察，是西部地区 IT 技术与世界 IT 技术接轨的一次重大机遇。

成都市政府敏锐地意识到机会来了。如果能得到英特尔的助力，那么成都 IT 产业的发展将进入快车道。其不言而喻的重要性让成都市政府的决策层当即展开了行动。

兵贵神速。在紧接着的一周内，英特尔（中国）有限公司总裁陈伟锭收到了来自成都高新区详细全面的投资环境评估报告。2 月 20 日，陈伟锭亲临成都高新区进行考察。

全球芯片大鳄英特尔布局新区域的消息，成了当时 IT 界最热的消息。在英特尔方面，成都并非其唯一的选择，在项目论证前期，有 8 个国家的 10 余个城市进入英特尔的视野。这就意味着，成都必须与全球的 10 多个城市展开直接竞争。

竞争是残酷的。在第一轮评估中，成都的表现不尽如人意。随着英特尔注意力的转移，成都发现自己面临着“出局”的危机。唯一的好消息是，虽然成都在这次评估中并没有取得明显优势，但是花落谁家的定锤还没有敲下。换句话说，成都还有机会，只看如何补救。机不可失，重新审视，绝地重来。2001 年 8 月，四川派人远赴大洋彼岸的美国，向英特尔高层陈述成都的投资环境与潜在优势。此前，虽然英特尔已经派人来成都考察过一次，但是看到的只是成都的硬环境，**而成都真正异于其他城市的优势则在于软环境。人才是企业发展的基础，政府则是企业发展的后盾。**显然，这两大软实力是肉眼无法看到的。

此次走访让英特尔对成都的重视程度有所提升。两个月后，时任英特尔公司高级副总裁、全球战略决策总监虞有澄来蓉。虞有澄离开前传递了一个重要信息：成都是可以信赖的朋友。可见，连续几次的考察，让英特尔对成都市政府所言深信不疑，也让其对外来企业在蓉受到的重视有了更深刻的认识。

一波三折后，成都再度进入全球竞选城市之列。

2002 年 3 月 11 日，由成都市 11 位决策高层组成的“成都特使团”，登上了飞赴旧金山的班机。这次赴美与上一次不同的是，美国英特尔总部的虞有澄博士已经代表英特尔在大洋彼岸恭候。

“成都特使团”与英特尔终于进入了实质性的对话阶段。双方的话题从成都市一年一度的电脑节说起，成都特邀贝瑞特再次莅临。

“可否在成都设立英特尔软件实验室?”

“实验室必须与芯片封装测试连在一起考虑。”面对成都抛出的“绣球”，英特尔的回应，正合成都之意。

“你们应该将芯片生产厂选址在成都。”

“我们将把成都作为重点考察城市。”从英特尔稍显“官方”的回应中不难看出，成都在他们心中的印象不错。

此次美国之行取得圆满成功，贝瑞特答应再次来成都。要知道这次从答应到来蓉只有两个月的时间，而贝瑞特的行程往往要提前半年安排，从这个细节，足见成都在英特尔心中的分量。

▷▷▷设成都出口加工区（西区）

英特尔落户成都出口加工区（西区）的难度，远远超出人们的想象。在前期考察中，英特尔对成都高新区（西区）的区位尤为中意。但作为一个产品90%出口的世界制造基地，高效率的大通关，只能在出口加工区实现。

然而，成都已经拥有中国首批15个出口加工区之一的位于成都高新区的南部园区，成都高新区（西区）不属于出口加工区范畴。中央还会再特批一个加工区吗？

经过四川省的努力，成都出口加工区（西区）正式设立。在全国范围内，一个城市能有两个国家级的出口加工区极为罕见。即便有了中央的支持、省市的齐心，英特尔项目领导小组、工作小组还是面临着许多新问题。工作小组每天都需要为这些不曾遇到过的问题寻求破解之道。

“现在回过头去想，在与英特尔‘打交道’的过程中，成都获益不少。几年里，从接触到谈判，起承转合的推进，我们也渐渐摸索出了与全球企业、机构对接的经验与模式。”当时的成都市高新区管委会副主任曾全程跟进英特尔成都项目，他感慨道：“这些经验与模式，只有真正参与其中，才能有所收获。以前我们介绍成都时，大多会拿出成都简介和投资指南。在与英特尔接触之后，我们会拿出一本标准的成都市投资环境调查报告，我们摸索出了一套运作项目的模式。这些经验，对当下的项目招商引资都非常有用。”

在谈判中，英特尔提出的问题，甚至有些出人意料。

在考察成都为英特尔投资准备的600亩土地时，英特尔提出了要了解当地农民是否支持项目的要求。还有一个问题是：“英特尔在这里建厂，原来生活在这里的小鸟会飞到哪里去?”成都方面耐心而合理地解释小鸟也得到了“妥善安置”，英特尔方面才算满意。

从某方面来看，英特尔抛出的这些问题，是对成都市政府能力的考察。光关系融洽还不行，政府必须具备权威性，才能保证这张政府公关牌的实际效用。

很显然，成都市政府所表现出来的各个方面都让英特尔很满意。

▷▷▷最终甄选

2002 年 6 月底，成都英特尔项目小组领导专赴马来西亚槟城，造访时任英特尔技术及制造事业部副总裁、封装测试部门总经理王寿荅。迎接他们的，是坐满会场的“考官”。

通过上午 11 时到下午 6 时共 7 个小时的“考试”，成都这一城市在王寿荅心中的印象更加深刻。

真正的考验，发生在 2002 年 7 月 16 日。这天，由时任英特尔公司副总裁南希·派敏蒂带队，英特尔财务成本组、物流运输通关组、人力资源组三个考察谈判团来蓉。

成都与英特尔都很清楚，此行决定着成都是否有资格留下英特尔。

就在南希抵蓉的前一天晚上，成都英特尔项目小组办公室的灯光一直亮到次日凌晨，只为即将到来的关键一役。

从税收到用电问题，从海关到环保……最终的拉锯战，指向了政府激励措施。在这个问题上，成都市究竟可以做出多大程度的让步，这是利益之争，也是项目谈判中容易因双方意见不一致而暂时停顿的环节。在规则的谈判桌前，经过数个回合的交手，达成意向，双方均基本认可。

2003 年之春，一场与 SARS 的战役，突如其来。

防疫之战，并未影响英特尔项目工作的推进。5月7日，成都“SARS零纪录”的信息及时传达到英特尔。随后，成都一制药厂研发生产的一种可提高人体免疫力的药品被及时送达时任英特尔中国区总裁陈伟锭手里，那是一份如朋友般的温暖。

春末夏初，英特尔对国内外候选城市进行最终甄选。按规定，每个专题以5分制计分。很快，成都得到反馈：“成都的投资环境极具竞争力!”与此同时，另一利好消息传来：“英特尔正在做市场潜力和政府能力的评估，成都的优势明显。”

2003年6月23日，陈伟锭特意致信成都市领导，表示“我们期待着与成都长期合作”。

成都与英特尔的故事，即将拉开序幕。

2003年8月27日，上午9时30分，成都假日酒店宏图府。第八次抵达中国、第三次造访成都的时任英特尔公司总裁贝瑞特，在此时此地，见证了属于英特尔与成都的“大日子”。

全球最大的芯片制造商美国英特尔公司用行动发布信号：投资3.75亿美元在成都高新技术开发区设立芯片封装测试工厂。

对于世界500强企业、芯片巨鳄英特尔而言，任何一次落户选址、增资提速，都必然是循迹产业生命周期与项目区域承载能力的缜密考量。在增资、提速“加速度”的背后，外界难以窥见的，是英特尔成都项目的另一种加速进行时。

英特尔落户成都从侧面印证了成都市政府的努力。对于招商，他们认为很多城市都是用优惠政策来吸引投资者，但软实力的竞争则在成都招商引资的过程中占据了最重要的位置。时任英特尔中国执行董事的戈峻在接受媒体采访时表示：“**成都软环境非常棒，适宜人居，聚集了各方面、各层次的人才，人们能够做到工作和休闲的平衡，是一个对话共赢的平台。**”

此后落户成都的腾讯、戴尔、奇宏等企业也反复提及，改革开放初期所提供的优惠政策、低成本劳动力等已不是其落户成都的最主要因素，成都的综合竞争优势才是最为重要的原因。

《福布斯》（中文版）曾经的总编辑周健工认为，成都拥有很强的工业发展基础，同时电子信息产业与创意产业在全国范围内具有相当影响力，这些都属于推进成都发展的原动力。

对于成都来说，电子信息产业如同一颗新星正在冉冉升起。

2003年英特尔的西进，不仅搅动了成都和四川的外向型经济格局，更在某种程度上打破了成都电子信息产业发展过程中“缺芯少魂没面子”的局面。

10多年前，成都从事电子信息和电子商务产业的只是几家“国”字号企业，成都既缺少芯片制造，也没有相应的软件设计，更缺乏拿得出手的产品。

事实上，虽然拥有众多高等院校、科研院所，拥有研发基地和人才优势，但是由于缺乏重大产业项目的支撑，缺乏带动产业的龙头企业，成都的产业发展始终没能形成完整的产业链。这无论是对财力还是对技术都有着较高要求，地方政府虽有心扶持，但苦于暂时找不到合适的扶持对象。

曾在上海钢铁研究所、上海宝钢集团公司、上海冶金控股（集团）公司等单位任过职的时任成都市市长葛红林，既有企业管理的理念又有专业调研的经历，并对产学研结合的问题亦有独特见解。葛红林到了成都以后发现，影响成都发展最关键的薄弱环节就是产业。以电子信息产业为例，最重要的、能赚钱的就是“产”；而“研”和“学”都是花钱的，出了成果要转化到“产”，培养的毕业生也要投入到产业化阶段。“产”不行，就没有涵盖和容纳高科技人才的“容器”，就没有就地转化研究成果的能力，产业发展必然缺乏动力。

以英特尔落户为契机，成都市政府一改过去在招商中重进度、轻质量，重引资额、轻产业链，重招商进门、轻提供服务的做法，把引进外资时提供的引前、引中、引后服务放到了重要位置，把与龙头企业产业链相关的上下游企业主动纳入招商服务范围……可以说，成都对IT产业的打造，实际上是一个产业链的打造、一个产业集群的形成，从而实现了产业、学校、研究所以及职业工人、技术工人等整个体系的贯通融合。

▷▷▷考验着整个中国西部

2003年8月27日，这一天是一个新的起点。在成都市政府与英特尔的签约仪式上，那份象征性的文件仅有薄薄数页，然而，其配套文件却是以“千克”为单位来计量的。

是日，为英特尔公司服务的专门机构“英特尔项目工作协调办公室”启动。该机构从成都市外经局、成都市信息办、成都市高新区等部门抽调精兵强将，专门负责协调项目建设运营中需政府有关部门处理的各项具体事务，协调跟踪英特尔公司后续投资项目和关联公司的跟进项目。

此时，英特尔的“一条电线”，考验着整个中国西部。

英特尔给成都出了一道“难题”：“我们来了，但我们的要求有些‘苛刻’，第一就是电压的绝对稳定，甚至不能出现毫秒级的波动。”对于从未充分融入全球IT产业版图的城市，其难度可想而知。

用电不能出现毫秒级的波动这样的要求，不光是成都市，甚至在当时整个中国大西部，都是第一次遇到。时隔多年，再读这则“英特尔落户成都的产业故事，过程的艰辛、曲折、喜悦与自豪很多人依然感慨万千。

当时，冬季用电一直是一个较为突出的问题，而英特尔项目的厂址是“拉闸限电”的主要区域之一。怎么补这一产业短板？多部门会商后拍板决定：确保 2004 年 10 月底专用变电站开始正常供电。

接着，新问题接踵而至。2003 年冬季的用电缺口怎么办？当时，成都市领导多次前往英特尔项目施工工地进行现场办公，建立了加强电力调度的应急处理方案和预先通知机制。为确保英特尔项目施工用电，成都高店子变电站承担起了向英特尔专用变电站输送电力的任务。同时，市经委协调相关部门，抓紧施工郫县（现更名为郫都区）境内郫筒镇至南北大道 110KV 电力通道工程。

成都市政府积极组织召开英特尔项目的每周协调会，将每周的星期四定为“解决和发现问题日”。在每周的这一天，由英特尔成都代表提出问题，领导开展“现场办公”。之后，**这种为一个大项目而设立一个专门机构的模式，被称为“英特尔模式”。**

而今，虽已不用再为每个重大项目设立专门的项目办公室，但“项目责任制”的精髓与方式，已在成都招商引资的服务中得以沿用。其最大的好处在于，在体制还不够健全的情况下，这种模式可以推动项目高效运行，做到“政令畅通，令行禁止”，为最迅速、最科学的决策提供有力保障。

“当时，解决英特尔电压问题，恰恰说明了我们的差距。在沿海城市，此类问题的解决已经快我们一步。既然要发展这个产业、引进这些高科技企业，那么确保电压稳定、物流畅通，就如‘九通一平’等要求一样，是我们必须解决的先决要素。英特尔提出来的，恰恰就是我们滞后的。要发展，就必须解决，而且得更快更好地拿出解决方案并付诸行动。”在一次交流中，时任成都市市长葛红林就英特尔的“一条电线”如是分析。

“四川省政府、成都市政府的前瞻性魄力在于，他们知道这是一个好事情，虽然暂时不知道怎么做，但是他们有魄力去拍板。”最让时任英特尔技术与制造事业部副总裁、英特尔产品（成都）有限公司总经理卞成刚印象深刻的，是成都企业服务的力行与创新。他说：

“比如物流，政府专门成立了一个物流办，这个机构整合了各领域的服务职能。以往，企业总得派专人跑几十个部门去盖章，然后才能把货品发往国外，而现在，企业只需要一个窗口。”

▷▷▷英特尔第一工厂

英特尔带给成都一句话：Chengdu，Can Do！意思是“成都，都成”。言辞之间，不难看出对成都的赞许。几年间，成都与英特尔的故事，其推进的速度，甚至在英特尔计划之外的加速度中不断更新……

2003年8月，英特尔宣布投资建设英特尔成都芯片封装测试工厂，工厂一期投资3.75亿美元。

2004年4月7日，英特尔产品（成都）有限公司封装测试厂项目举行奠基仪式。

2005年3月，英特尔宣布在成都增资建设工厂二期工程，投资总额累计达到5.25亿美元。

2005年12月6日，英特尔产品（成都）有限公司开业庆典暨英特尔志愿者爱心教育工程启动仪式在成都高新区隆重举行，标志着英特尔成都测试封装厂一期项目正式投产，首颗“成都造”高性能电脑芯片下线，西部最大芯片基地正式运营。

2008年6月23日，时任英特尔公司董事会主席贝瑞特亲赴成都。这是有别于以往任何一次造访的成都行。这天，距离“5·12”汶川大地震，仅仅过去了一个多月，时不时尚有余震波及。

“在得知此次大地震时，我的第一反应，就是要为这座城市做些什么，因为我是成都的荣誉市民，英特尔也是成都的企业公民。”贝瑞特简短数语，用情尤深。

5月20日，在地震发生仅一周后，英特尔就对外发布信息，其在成都的芯片组装及测试工厂已恢复运行，5月16日，1 600名员工已全部回到工厂上班。而就在大地震发生后12小时内，英特尔中国大区管理团队就做出了向灾区捐赠的决策，捐助了数千万元人民币用于灾区援助和教育设施重建。

贝瑞特此次来蓉，宣布启动“英特尔i世界计划”等一系列帮助灾区恢复重建的计划，并且还带来价值3 500万元的电脑和相关设备，用于建设灾区200个计算机网络教室及开展相应培训等。

“我们对成都未来的发展充满信心，我很乐意向世界宣传成都、推介成都。”贝瑞特的声音，即时向全球传递。

2009年，英特尔第三次向成都工厂追加投资7 500万美元，用于扩大其生产能力，从而使得英特尔在成都的总投资额达到了6亿美元，随着产能提升，成都工厂规模也从近3 000人扩大到3 500人。

2012年1月9日，英特尔与成都高新区签约建设中国西部地区分拨中心协议，推动成都成为中国中西部地区重要的电子产品生产基地。

2012年1月9日，英特尔成都公司下线了第10亿颗芯片，创造出英特尔全球工厂的速度之冠。“这是英特尔历史上唯一一家，可以在这么短的时间内产出10亿颗芯片的基地。”入围第十二届（2012年）四川十大财经风云人物候选人的英特尔技术与制造事业部副总裁、英特尔产品（成都）有限公司总经理卞成刚的言语中洋溢着对英特尔成都工厂的自豪之情。

2012年的英特尔成都工厂综合效益，已排名至英特尔全球TOP1。据悉，在其全球工厂中英特尔成都工厂的生产周期最短、生产每一颗芯片的综合单价全球最低、产量全球最高。卞成刚透露，以生产周期为例，成都工厂的生产周期只有两三天的时间，比其他基地缩短了20%～30%，在英特尔成都工厂，生产线上每秒钟可封测生产9颗芯片。

英特尔与成都的前9年，其历程是一个情节曲折的产业故事。之于产业如是，之于发展如是，之于情谊更如是。

▷▷▷三次追加投资

2003年，在尚有很多人会问“成都在哪里”之时，在成都坚定地将电子信息产业作为“一号工程”全力推进之时，英特尔毫不犹豫地将成都“圈”进“Intel Inside”的蓝色版图之中，这让成都电子信息产业有了第一次真正意义上的“全球发声”。

2005年12月，在成都出口加工区，第一颗“成都造”英特尔芯片在英特尔成都封装测试厂生产线下线；2012年1月，英特尔成都工厂诞生了第10亿颗芯片。

2010年10月，英特尔对外发布，英特尔将投资2 000万美元，把在全球的第三个晶圆预处理工厂建在成都，英特尔成都工厂由此将成为英特尔全球封装测试来料的重要供应基地。

2012年，英特尔在中国的第三个分拨中心——中国西部地区分拨中心正式宣布落户成都高新区，西部客户可以享受当日或隔日取货的极速供应链响应。

“没有成都，优化整个产业链会变得非常困难。”卞成刚透露，随着英特尔上海工厂封测业务的产能转移，成都英特尔工厂芯片产量在持续递增，英特尔成都厂已成为英特尔在亚洲最大的芯片封装测试工厂，成都在英特尔全球封装测试业务中的中心地位已经确立。“成都是英特尔移动处理器和芯片组的制造中心，与哥斯达黎加的服务器中心、马来西亚的台式机中心等已形成鼎足之势。英特尔成都封装测试厂是英特尔在全球最大的芯片封装测试中心之一，这里有世界上最先进的封装测试技术。”

而与此同时，英特尔在全球建立的第三个晶圆预处理工厂，正在成都高新区（西区）投运，由此实现了晶圆预处理与芯片封装测试在成都同步进行，加上英特尔 2012 年在大连的建成投产晶圆生产厂，这意味着英特尔将完成在中国从晶圆生产到晶圆预处理、再到芯片封装测试的完整生产链布局，而成都将成为英特尔全球封装测试来料的重要供应基地。

时任英特尔中国区执行董事长戈峻说："9 年前英特尔选择了成都，9 年中我们曾三次追加投资，这是英特尔史无前例的发展速度，目前成都工厂是英特尔在全球最大的芯片封装处理中心之一，世界上有一半的笔记本电脑安装着经英特尔成都工厂封装测试的芯片。"

"Why Chengdu?" 在问及投资者这个问题时，政务服务、人才优势、产业积累、创新活力等多是在回应这个问题时常会被提到的要素。而对于在英特尔成都工厂奋斗多年的卞成刚来说，除了这些，还有另一种注解，而这也是英特尔与成都故事所不为人知的一面：

"员工身上焕发出的博爱精神和对工作的执着、对科技的向往，使我们进一步认识到，我们选对了地方。"

英特尔成都公司还有一个全球第一的头衔：员工志愿服务时间是英特尔全球第一。据统计，英特尔成都公司平均每年员工志愿服务时间约为 25 000 小时，约有 70%的员工参与志愿者服务。

"特别是在四川地震以后，从我们的员工身上爆发出来的那种博爱的能量，关爱社区、志愿服务社区的精神，让我深深感动。"卞成刚说。英特尔成都公司的员工充满激情的志愿服务精神，可能就是成都这个天府之国得天独厚的人文环境的一部分，也是英特尔所理解的"成都，都成" 精神的内涵之一。

"文化底蕴和人文积淀的吸引力，能够把对高科技的热爱和执着转化为生产力。"就此，关于为什么成都工厂可以成为全球生产周期最短的基地，英特尔找到了答案。

▷▷▷蝴蝶效应

按照英特尔创始人所提出的摩尔定律，即当价格不变时，集成电路上可容纳的元器件的数目，每隔18~24个月便会增加一倍，性能也将提升一倍。但是随着电子芯片的发展，这一定律已经逼近极限，各大芯片厂商都在寻求新的技术突破。

“2015年，我们预判到行业技术和公司整体战略的变迁，成都团队努力拿下了‘骏马’项目——它代表着英特尔最高端的测试技术。我们派了近100名员工，用了6~9个月的时间到美国总部学习新技术，以这些新技术为指引，推动成都工厂全面升级。如今，转型的成果显现，成都工厂不仅保留着封装、测试两大传统业务，还加入了晶圆预处理、高端测试两大新模块，成为英特尔在全球唯一具有四大功能模块的战略‘重镇’，能测试任何为数据解决方案而量身定做的芯片。”① 卞成刚如是说。

成都工厂一次又一次出乎世界的意料。2017年，成都英特尔工厂实现进出口总额186亿美元，同比增长了128%。

英特尔就像是一只蝴蝶。2014年，他们曾委托第三方机构进行过一次测算。以英特尔在成都投资的6亿美元来计算，其引发的经济效益为1∶10∶100（即英特尔每在成都投入1元，就能拉动第二产业圈层10元的效益，拉动第三产业圈层100元的效益）。“骏马”项目的投资规模更加庞大，并且成都已经聚集了不少匹配英特尔的上、下游企业，这一轮投资一定能够引发新一轮的“蝴蝶效应”，促使中国信

---

① 摘自四川在线网于2017年12月8日发表的《专访英特尔（成都）总经理：英特尔转型成都工厂角色将更重要》中卞成刚的一段描述。

息通信技术更新换代。到了智能互联网时代，成都工厂率先进行转型升级，在英特尔全球战略中成为愈发重要的一环。

如今，全世界用户所使用的笔记本电脑，每两台中就有一台配置了“成都智造”的芯片。

10 多年前，很多跨国公司总裁都难以清晰地描述成都的坐标。

然而，10 多年后，成都，已全然置身于全球信息化产业之中。伴随着西部大开发，对于成都、对于后起发力却势如破竹的成都电子信息产业而言，可以说这是不可复制的“黄金十年”。

其实，从成都 IT 产业发展的脉络中不难发现，英特尔为成都带来的不仅仅是示范效应，它更促成了成都 IT 产业链的迅速形成，并形成了强大的吸附效应。

“英特尔入驻成都以后，很多上、下游企业也分批入驻，特别是很多下游企业，比如联想、戴尔等知名 PC 厂商，都入驻成都，他们主要是看重了供应链的效益。”卞成刚分析道，“他们在别的地方可能要 3~4 天，或者一个礼拜才能拿到英特尔的芯片，但是在成都，我们的承诺是‘24 小时必达’。上次接待联想的总经理一行人，我还和他们开玩笑说，你们在这里一个小时就可以拿货了。”

“24 小时必达”的承诺，源于英特尔成都工厂的再度“功能升级”。2012 年年初，随着富士康、联想、戴尔、仁宝等 IT 终端项目在成都的抱团入驻，英特尔宣布了一个重要的战略决定：中国西部地区分拨中心正式落户成都高新区。英特尔高层表示，这将进一步优化英特尔的供应链，提升对 OEM 的物流响应速度，提升英特尔对中国市场及客户需求的服务质量和响应速度。

2019 年，英特尔宣布位于成都的封装测试工厂已经完成了认证，可实现完整的全流程制造。这意味着成都工厂与越南、马来西亚工厂拥有同样的封装技术能力。比如，可以生产最新的九代酷睿处理器，如酷睿 i9-9900K/KF/T 等高端处理器。不仅如此，在“成都市 2020 年重要项目计划”名单中，英特尔“骏马”项目二期就是其中一个重要实施项目，该项目将会使英特尔成都在经济产值上产生更大的效应。

管中窥豹，可见一斑。若要浓缩成都电子信息产业的“一斑”，英特尔就是最好的印证。在几年前的成都出口加工区（西区），国际跨国企业寥寥无几。英特尔的落户及其所衍生的“马太效应”，让如今的成都出口加工区（西区）“满园春色”。

给仁宝和纬创做配套的台湾尚达集团成都设厂筹备处负责人张承平坦诚地说：“如果仅有一家客户到西南设厂，我们肯定不愿意跟着过来，因为市场风险很大，万一哪天客户又搬到其他地方去了呢。”

2011 年 1 月 19 日，在四川仁宝制造基地与总部项目签约后短短四个月内，仁宝集团成都制造基地项目正式开工建设。新日兴、群光电子、加百裕电子、桦晟电子等 12 家仁宝集团笔记本电脑配套企业尾随而至。台湾仁宝集团董事长许胜雄表示：“这既是仁宝看好四川现实优势和未来发展的体现，也表明了仁宝投资四川的诚意。”

作为世界最大的电脑代工企业，仁宝集团成都制造基地吸引了上百家配套企业落户，形成了笔记本电脑产业集群。

在仁宝集团成都制造基地开工后不到一个月，纬创集团成都制造基地项目也正式开工建设，这比预定的动工时间稍有提前。作为戴尔、联想的主要合作伙伴，纬创将成都制造基地定位为其在中国西部最大的项目。

台湾纬创集团董事长林宪铭说：“与成都签约后曾多次前来考察，充分感受到了四川在科教、人才和产业配套等方面的优越条件以及深厚的文化内涵。”这使他们坚信选择四川、选择成都是正确的。

在 2012 年 3 月纬创集团成都制造基地投产之际，50 余家纬创集团的伙伴企业来成都举行了电子信息配套项目集中签约仪式。讯凯、联冠、尚达等10家电子信息配套企业与双流县（现在的双流区）进行集中签约，合计总投资约35亿元人民币。

如此迅猛的发展态势，让张承平放了心。他说："核心配套企业与IT巨头合作多年，整个链条也属于半封闭状态，如果不跟着市场转移，改做其他业务的成本会更大。所以，我们也来了。"很快，超过千家电子信息配套企业与四川签约，包括与平板和笔记本电脑配套的显示设备、电池模组、机壳模具、连接器、测试设备、物流配送等完整的产业链要素。

电子信息产业国际巨头的入驻，激活了成都本土配套企业的基础，促使其加快换代升级。相关资料显示，在2011年，仅英特尔成都公司的省内外配套企业就超过了300家，富士康、戴尔、联想、仁宝、纬创等一大批产业巨头来蓉，除了自身具有极强的整合能力之外，也会带动逾1 000家的配套企业，再加上原有的长虹、九洲及本省的其他企业，共同构筑起了一个由数千家规模以上企业组成的产业群。在地域上，除了原有的成（都）、德（阳）、绵（阳）以外，乐山、眉山、资阳、遂宁、南充、内江等都被激活和带动起来，呈现出主营与配套相结合、相协调的"立体构建"的生动发展态势。

选择在成都不断扩大投资规模的企业不断涌现。作为物联网行业的全球领军企业，京东方在2007年入川，带来了高达34亿元人民币的投资。在入川后两年内，月产能3万片的第4.5代液晶显示器件生产线正式投产。在当时，这不仅是中国西部首条实现量产的液晶面板生产线，还是中国（港、澳、台地区未统计在内）唯一实现彩色滤光片和液晶面板集成化的全自动生产线。这条生产线为成都实现了光电显示产业零的突破，将成都电子信息产业带到了一个新的高度。

落户成都之前，在四川各地政府的倾力协助下，京东方已在绵阳市设厂。面板生产项目投入的资金巨大。对许多企业来讲，项目的最大障碍就是资金难题。京东方发布的相关公告显示，京东方位于绵阳市的B11项目系京东方和绵阳市共同出资，京东方出资60亿元，绵阳市政府负责筹集余下的200亿元。这个项目超过三分之二的资金都是由地方政府提供的。如果没有地方政府的支持，京东方还需要耗费更多的时间来打通银行贷款以及各个融资渠道，时间成本与建设成本明显要高出一大截。

京东方的核心事业包括端口器件、智慧物联和智慧医工三大领域。2018年，京东方在智能手机液晶显示屏、平板电脑显示屏、笔记本电脑显示屏、显示器显示屏、电视显示屏等五大主流市场上的市场占有率均位列全球第一。

京东方成都第6代OLED生产线是国内首家能够量产柔性OLED显示屏的生产线。2017年年底，京东方成都第6代柔性AMOLED生产线提前量产，向全球展示了中国企业的强大技术实力。2018年6月，京东方在投资者互动平台上透露，京东方成都第6代柔性AMOLED生产线进展良好，3月份综合良率已达65%以上，目前客户包括华为、VIVO等品牌，现已具备产能爬坡第二期的能力。这少不了四川省政府、成都市政府和高新区的支持。作为区、市、省三级政府重点支持的光电显示项目，四川省政府提出要以成都为中心打造全球光电显示产业重要基地。而京东方也计划继续在成都加码投资，预计2022年成都基地总产值超过1 000亿元。

能为成都电子信息产业“代言”的企业，如果曾经只有英特尔“一家独大”的话，那么，如今，戴尔、富士康、莫仕、仁宝、友尼森、康宁、住友、西门子、阿尔卡特、微软、爱立信、日立、NOKIA、MPS、Symantec等一大批全球知名企业的相继“抢滩”，让成都成为中国IT“第四极”将不再是梦想。

伴随着富士康、戴尔、仁宝等一系列电子信息终端制造企业的入驻，成都电子信息产业终端制造的“短板”不再是其发展的制约要素，国际终端制造“大腕”们扎堆“安家”，让成都拥有了后来居上的绝对竞争优势与产业聚集竞争力，成都正在托起中国 IT 产业“第四极”的脊梁。

富士康：制造业大鳄助飞西部

几乎每一天，从成都高新综合保税区发出的各类富士康电子产品，都需要两架波音747货机装载。这些新鲜“出炉”的电子产品，还留有生产线上的余温，就将运抵美国、欧洲等全球市场，以“零时差”的速度摆上全球货架。

与此同时，在数百千米之外的重庆，来自西永工业园和空港保税区的笔记本电脑也运抵国内外市场。

在这场IT制造产业的较量中，从某种程度来说，成都从一开始就以领跑者的气场，赢在了起跑线上。2010年，成都市政府在关键的一役中，凭借对产业生命周期的前瞻把控，一举拿下iPad生产线，将这枚引领平板电脑时代的“苹果”收入囊中。

这是一场肇始于2004年的“马拉松”。多年之后，回顾整个故事的脉络，从遭遇“5·12”汶川大地震到金融危机来袭，再到国内城市之间的摩拳擦掌，富士康“意属”成都，并非“一见钟情”的简单故事，让世界一流的iPad生产线扎根蓉城，也绝非可以一笔带过的寻常小事。这是成都乃至中国西部电子信息产业迅速融入全球高端市场的里程碑。

▷▷▷合作初探

早在2005年，成都市政府就试图和富士康接触。当时，富士康正忙于在中部地区和东部沿海地区布局。

现在回想起来，虽然当时的成都电子信息产业正处于高速发展的阶段，但是不沿边、不靠海的成都，要从众多城市中脱颖而出，得到国际代工巨头富士康科技集团的青睐，并非易事。

转机出现在2007年。“从四川连接欧亚大陆桥到欧洲路线该怎么走?”这是2008年1月29日，在富士康深圳产业基地，富士康集团总裁郭台铭向当时四川省的一位副省长提出的第一个问题。当时郭台铭告诉这位领导，到了2008年，其实富士康在沿海和中部的布局已经基本完成，以后是不是往大西部走，就要看物流条件，因此他非常关心怎样从四川到欧洲或到南亚。随即，这位副省长充当解说员，讲述了各条出川路线。

在世界地图上，不起眼的四川，给郭台铭留下了良好的第一印象：从成都出发，到伦敦、法兰克福要10小时，到温哥华、巴黎、悉尼要12小时，到洛杉矶要14小时，到纽约要15小时。尤其是，成都到欧洲的航空运输成本比上海至欧洲每千克低了1.7~2.2元。

就这样，成都第一次进入了富士康集团决策者的视线。郭台铭当即表示，愿意来看一看。

合作的曙光乍现。2008年的“五一”期间，以郭台铭为首的富士康高管层敲定来蓉考察。

从九黄机场回成都的航班晚点了3个小时，在等航班的3个小时内，郭台铭和四川省、成都市的相关领导深入交谈。通过交谈，富士康看到了以成都为代表的四川省在发展电子信息产业上的决心。大家意识到，郭台铭在感情上已经接受四川，意属成都。

此次考察，成都抓住机会，最终和郭台铭初步敲定协议，双方的合作意向定于光电投资产业方向。

不久后，富士康特别代表团再度来蓉，和成都市政府洽谈具体的投资合作事宜，约见洽谈的时间恰好是5月12日下午两点半。是日，在成都市政府第一会议室，参会双方是时任成都市市长葛红林和富士康公司的特别代表，内容则是项目投资的具体细节。

然而，还没有切入正题，就被山摇地动打断。突如其来的“5·12”汶川特大地震打乱了既有安排，富士康入川来蓉步伐一度停滞。

▷▷▷100亿美元的投资

接下来，抗震救灾成为成都市政府的第一要务，与富士康的合作，至少在此后两个月的时间里处于半停滞状态。但显然，成都市并不愿意就此放弃从2004年便开始策划的富士康招商引资项目。

其间，富士康曾派人员来过两次，但是他们的主要目的是到四川省地震局，还有国家地震局了解地震对四川的影响。当时，成都市政府也主动向富士康方面提供了详尽的地震影响分析报告。

然而，受金融危机的影响，这家全球代工巨头的日子也不好过。2008年，富士康的国际业绩同比大幅下滑了83%。

反观成都，海外金融危机带来拉动内需的新风向，国家重新制定重视内地市场的有利政策，加上第二季度全球电子信息产业开始复苏，以及腾讯、阿里巴巴相继驻扎成都，种种因素给成都增添了不少有利砝码。

于是，2009年6月18日，成都代表团再次前往台湾访问。在此期间，双方进行了友好谈话，最后还签署了合作备忘录，项目重新进入落地洽谈阶段。

然而，事情并非一帆风顺。西部各城市引进富士康的角逐，从未消停过。2009 年 8 月 4 日，富士康宣布斥资 10 亿美元在重庆建设产业基地。重庆市也按照当初成都的规划思路，准备顺藤摸瓜，开始瞄准富士康的其他产业项目。当时，坊间有传闻成都与富士康的“牵手”遇到了阻碍。

然而，事实证明，布局重庆仅仅是富士康西进战略的一个序曲。两个月后，成都市与富士康结束了 5 年“长跑”，在西部博览会期间正式签订合作协议。当时宣布的富士康成都项目是一个庞大的计划，包括液晶显示生产线、LED-TV、LCD 模组、精密模具及 3C 数码产品卖场等多个项目。不过，尽管投资总额高达 50 亿美元，但是并不包括终端产品的生产线，这不得不算是一个遗憾。

2010 年 4 月 3 日，苹果正式发售 iPad，带来的震撼触动了政府和业界的决策者。5 月 23 日至 5 月 28 日，四川的一个访问团开展了“天府四川宝岛行”，和富士康的洽谈是此次访问的重头戏。

双方商谈正酣，却发生了富士康“跳楼”事件，郭台铭急忙赶往深圳处理相关事宜。

2010 年 5 月 26 日是四川省和富士康签订战略合作协议的日子，郭台铭又匆匆赶回台湾出席签约仪式。在当天的演讲中，郭台铭谈到了他和成都的渊源：“两年前的这个月，富士康与成都商谈投资项目的细节，却被突如其来的地震打断，所谓好事多磨，正是因为如此，富士康和四川有了患难之交。”言语间，郭台铭满是感慨。

次月，四川省派出四川大学华西医院心理卫生中心的医生前往深圳，协同深陷“跳楼”事件的富士康处理危机。与此同时，成都市政府正式成立“富士康工作组”，工作组的任务很明确：了解富士康的王牌产品是什么，哪些项目适合拿到成都来做，郭台铭的想法是什么。很快，工作组捕获到一个重要的信息：受“跳楼”事件的影响，富士康加快了外移产业基地的步伐，并计划在几个月内将生产线从深圳分流到其他省份。

郭台铭向接踵而至的各地招商组抛出了一个难题：谁可以在20天内找到一个10万平方米的厂房，以及能容纳两万人的宿舍？

各地招商组火速展开搜索。有消息传出，河南省郑州市率先找到一处14万平方米的厂房，成为这一局的胜出者。与iPhone失之交臂的成都招商组在沮丧之际，却捕获到另一个关键信息：郭台铭也有扩大生产iPad的想法。当时，iPad虽然发售仅两个月，但是销量却呈现出爆发式增长。

“成都怎么不去搞这个项目？”富士康一名内部人士不经意的一语，却让成都招商组眼前一亮。转机随即出现，颇有柳暗花明又一村的意味。

7月3日，成都市主要领导再次带队前往深圳。

这一次，郭台铭提出了一个更苛刻的条件：要拿到iPad项目，初期要由政府代建厂房，并且要在3个月内建成数十万平方米的厂房，半年内厂房面积要扩充到170万平方米。除了面积外，富士康还对厂房的高度、质量提出了具体细节要求。

“3个月必须建好厂房，有没有问题？”面对只能用“是”与“否”回应的问题，率队谈判的成都市相关领导当即果断地在责任书上签了字。

对此胸有成竹之举，郭台铭反倒忐忑疑虑起来。但在得知时任成都市市长葛红林曾是上海钢铁研究所的高级专家，并曾任上海五钢集团公司、上海宝钢集团公司副总，是钢构厂房方面的权威时，郭台铭欣然拍板，当场敲定了成都项目厂房用地、地点、规模以及预定投产日期。

7月12日，富士康iPad项目的厂房建设在成都正式动土。

7月13日，“1号工程指挥部”在成都成立，负责全面推进富士康iPad项目。同时，确立了“五边”战略，即边招商、边谈判、边施工、边招工、边投产。

7月14日，当省、市“一把手”率队前往深圳和郭台铭会谈时，终于传出了一个振奋人心的消息：富士康在成都的投资总额约达100亿美元，相当于2009年在西博会上签约的金额翻了一倍。

同一时期，富士康在成都的3家子公司群康科技、鸿富锦科技和富泰宏科技相继注册成立。随后，为了从容应对富士康庞大的产业配套问题，“1号工程指挥部”成立了“配套产业链工作组”，该工作组专门为富士康梳理了数十个配套产业的材料。

▷▷▷富士康基地之最

富士康总投资约100亿美元，预计年营业收入相当于2009年四川省电子信息产业营业收入的1.6倍，占全省工业规模的13%。

富士康入川来蓉，一直站在各路媒体追逐的聚光灯下。成都承接了富士康全球代工产业链中技术含量最高、引领电子产品潮流的苹果iPad平板电脑生产线，这样的高端产业链承接协同，让西部IT产业集体面临着一次全球市场的“洗牌”。

根据双方协商，确定富士康项目用地约4平方千米，另需15平方千米作为生活配套用地。富士康提出，项目用地必须建在综合保税区内，享受免税等政策。此时，富士康厂房早已在建设之中，综合保税区的申报，更是迫在眉睫。

2010年7月22日，设立4.68平方千米的高新综合保税区的文件开始上报。9月30日，10个部门的会签文件全部返给了海关总署。在当年的西博会上，综合保税区随即宣布挂牌。

以 2009 年为时间节点，在此之前，成都电子信息产业虽然在软件产业、芯片产业上都具有竞争优势，还拥有完善的 IC 设计与嵌入式研发实力，但是，却没有一个具备强韧垂直整合能力的终端产品制造大鳄。这一缺憾让成都市的诸多优势只能处于“碎片式”的状态。

富士康带着 100 亿美元强势来蓉，其影响力却远远不止这 100 亿美元。生产引领全球平板电子产品“风向标”的 iPad，既让成都 IT 产业链得以完善，也让成都真正成为中国 IT 产业发展的第四极。

蝴蝶效应由此产生：戴尔、联想等全球领军型 IT 企业接踵而至，在产业链分工协同方面，以深圳天马微电子公司为代表的光电显示、触摸屏、传感器、背光源生产企业纷纷融入这个庞大的产业链条，在富士康做强发力的同时，处于同一生态体系中的他们亦“借船出海”，走向全球市场。

2010 年 7 月，成都高新区领导突然接到的一个电话，恰能印证此言。这天，郭台铭临时致电，请高新区立即将成都附近几家生产铝挤压型材厂家的资料给他。成都、深圳的相关部门立即行动起来，40 分钟后，龙泉、乐山等地4 个生产厂家的资料送到了郭台铭的手中。而如此基于产业链的跨企业甚至跨区域协同，在富士康项目在蓉推进的进程中，已成常态。

当时，市场研究公司 IDC 发布的一份报告预测，全球平板电脑在 2012 年将出货 1.22 亿台，未来随着平板电脑性能优化，其需求量还将持续增长。而此时成都富士康科技园区的 iPad 项目已正式启动。“啃”下这枚“苹果”，就意味着全球三分之二的 iPad 将产自成都。富士康方面的负责人曾坦言，他们在成都规划的 iPad 项目，是富士康当时在国内的产业基地中，投资最大、产品技术含量最高的项目之一。

统计数据显示，2012 年上半年，由于富士康项目的反哺，成都高新区实现工业总产值增长 49.8%，产销率达 98.7%。同期，成都高新区工业投资完成67.1亿元，其中富士康项目完成投资52亿元，占工业投资完成量的77.5%。

2017年，富士康集团在高新区投资6亿元的笔记本电脑项目（以下称“笔电项目”）在7月正式投产，全年实现产值406.2亿元。笔电项目特有的“整机+配套”产业链模式，不仅会拉动笔记本电脑本身的销售价值，还能吸引众多的配套企业。如果说6亿元的笔电项目每年可以创造10亿元的笔记本电脑销售产值，再算上跟进的众多配套企业，那么富士康（成都）笔电产业集群可以为高新区创造超过100亿元人民币的年产值。

成都市高新区相关负责人介绍说：“过去，笔电的原材料、零部件的80%都是本土生产，但用于高端笔记本电脑的精密机壳却一直从外地引进，需要耗费电脑总物流成本的50%。”2017年，随着成都富士康的笔电项目配套引进的三大机壳项目投产，这一局面彻底改变。这些配套厂建成投产后，可年产笔记本电脑金属外壳近千万件，将解决成都本地近四分之一的金属机壳配套问题。与此同时，还新引进了富士康配套企业成都业成公司50亿元全贴合平板显示屏和OLED压力传感器项目，进一步完善了成都高新区IT制造业的产业链。

如今，可穿戴智能设备是继智能手机之后新的增长领域。2019年4月，富士康将智能穿戴产品制造基地项目落户成都。富士康进川，一方面使成都多了一个IT巨头，完成了产业链的高度整合；另一方面，这也是解决当初成都“有学无企”短板的一步大棋。

联想：入驻蓉城扩产能，夺全球第一

2010年10月29日，联想集团与成都市政府举行签约仪式，宣布在成都设立联想产业基地。根据协议，联想将在成都建设集生产、研发、销售运营三个中心于一体的联想产业基地，进一步巩固联想在中国IT制造产业的领先优势，并满足全球市场快速增长的需求。

2011年12月19日9时30分，在联想西部产业基地生产车间内，首台“成都造”联想台式电脑下线，标志着联想西部产业基地正式投产，预计5年内年产能将达1 000万台。这给联想和四川都带来无限联想。截至2018年年底，联想PC全球市场份额居全球第一，是全球最大的PC生产商。

▷▷▷带动产业发展

也许大家并不知道，联想入川和仁宝入川有着千丝万缕的联系。

联想高级副总裁乔松曾披露，联想（西部）产业基地是和仁宝集团共同进行生产研发的一个重要组成部分。据了解，仁宝集团成都基地项目产品包括笔记本电脑、PC一体机、PAD平板电脑、电视、显示器、移动通信、无限网通等电脑及电子3C相关产品，项目预期投资总额达5亿美元以上。

联想不止一次表明，它并非“一个人在战斗”，而是带动了一系列的产业合作伙伴共同建造产业链。乔松还表示，联想还将引入其他的电脑生产厂家，以及机箱、散热器、第三方物流等企业。“我们就是希望在这儿形成一个近距离的配套产业环境，只有这样才能真正做到成本最优。”

在成都，联想带动的是一个产业链。就在“成都造”联想出货的同一天，联想的合作伙伴仁宝集团的成都基地也正式投产。随着联想、仁宝、纬创等重大电子信息产业项目形成实际产能，成都形成年产1亿台电脑的生产能力，占全球总产能的20%左右。也就是说，全球生产的电脑，每5台中就有1台“成都造”。

“我们需要很多供应商在附近，而不是在500千米、1 000千米以外的地方。”

“联想60%的显示器是我们做的，联想来了，我们能不来吗?”冠捷科技中国区制造总经理任敬顺表示，他们目前主要生产手机、电脑、一体机显示器，也瞄准了平板电脑显示器，今后这些都会放到成都生产。

全球散热器大鳄奇宏科技也强势来蓉。正如奇宏科技首席执行官沈庆行所言：“我们给仁宝、联想做配套，他们到了哪里，我们也会转移过去。”

一个产业的发展，依靠的是整个区域的优势，甚至整个国家的优势。成都高新区在产业集群的培育上，不仅得到了省、市政府的倾力支持，而且得益于国家在发展西部地区、建设创新型国家等方面所做的战略性布局。

随着富士康、戴尔、联想、仁宝、纬创等电子巨头西进，成都迅速累积了巨大的笔记本电脑产能，同时，尾随其后的大大小小的配套企业也纷纷“搬家”。对于电子信息产业“西进”，最大的难题是供应链，对此，成都给出的解决方案是，将供应链整合到西部地区，形成

“立体构建”的发展模式。

这既是成都IT产业发展的特点，也是四川IT产业发展的特点。我们不是完全在一张白纸上画图，特别是从成都IT产业发展的历程中可以看出，我们是在一定的产业基础上进行‘立体构建’，具有新进的与原有的相互促进、共同发展的特点，这是引进带动、提档升级取得巨大成功的生动实践。

目前，电子信息的产业转移仍然非常明显，具有较强产业配套能力的成都无疑是中西部的首选。可以预见，这将为成都乃至四川的持续发展注入源源不断的充足动能。**成都高新区在巩固其既有的产业集群发展的基础上，正努力把握战略性新兴产业的发展机遇，寻找新的战略突破点，把移动互联网作为新方向，努力抢占新一轮经济和科技的制高点。**

▷▷▷联想驻川“五大分舵”

研发是占领未来的关键所在。联想已形成美国、中国、日本研发三角，美国是个人电脑的诞生地，日本擅长紧凑型设计，中国则以务实高效著称。联想成都研发中心的成立，强化了中国在研发三角中的主导地位。

联想成都研发中心瞄准移动互联、用户界面、云计算、后台服务等领域进行关键技术研发与应用。在3年至5年内，联想成都研发中心将建成一个规模达1 000人的“智囊”研发机构。这是一个前瞻性的机构，相当于联想面对未来发展的智囊技术军团，瞄准的是3年至5年后的技术开发。联想集团高管曾谈道：“四川既有的产业环境与人才优势适合创新，成都的气质，特别适合前瞻性研发。”

除了电脑业务以外，联想正在悄然构建“五大分舵”布局，分别为联想集团、神州数码、联想投资、弘毅投资及融科智地。其中，联想投资专注于中小型企业的战略性风险投资；而弘毅投资则主要投资成熟行业中的成长企业，重点关注建筑材料、医药、汽车零配件、传媒、消费品等行业，融科智地则从事房地产开发。

▷▷▷联想再出发

我们在看电视的时候，看到屏幕里心仪的商品，点击暂停，拿起手机扫一扫电视屏幕右侧出现的二维码，即可进入京东、淘宝下单。第二天，影视明星的同款包包或时尚服装就可出现在自家的衣柜中。这在当时听起来像是天方夜谭，但在2017年4月7日，联想创新科技大会成都峰会上就上演了这样一幕。

这仅仅是某一款联想智能电视所展示的智能功能之一。联想集团个人电脑与智能设备事业部高级总监魏晋表示，在峰会上，他所在区域展示的这台智能电视，基于联想集团自然语音交互、大数据学习等一系列人工智能技术，为用户提供了沉浸式的信息与服务推送体验，“电视不仅仅是电视，更是能与你交流的家庭成员”。显然，伴随着互联网智能设备技术的日趋成熟，比尔·盖茨多年前在《未来之路》中所畅想的场景似乎正在加速变为现实。

当日活动中，联想企业相关负责人以场景化的方式展现了智能家居、智慧办公等极具创新性的智能移动终端，还提出了针对企业级用户的“双态IT”理念以及联想的创新研发体系。随着物联网、云计算、大数据、人工智能等技术的发展，互联网正在由移动互联网进入新的智能互联网时代。在峰会上，联想集团副总裁、中国区商用业务总经理刘征表示，智能设备是用户进入智能互联网、享受云服务的工具和入口，而联想将为用户提供“设备+云服务”的体验。刘征说：

“‘设备+云’将打造新一代基于自然语言交互、人工智能和特定云服务的新型智能终端，形成下一代智能设备和未来人工智能领域的核心竞争力。”

未来将是一个“设备+云”的时代，将会越来越人性化。比如支持VR技术的电脑、MotoZ模块化手机、yoga纸屏笔记本、智能摄像头……当日峰会现场展出的各类智能设备产品，让成都市民感觉十分新鲜，尤其是智能摄像头，不像传统摄像头，它能在手机上实时显示家里的画面，十分方便。

智能设备以及行业解决方案背后的核心驱动力是大数据、云计算、人工智能等创新技术。联想创投业务部总经理宋春雨说：“联想将在智能设备、智能云平台、智能服务三大领域重点布局，重点打造成都市智能互联生态圈的市场开发。”

2018年12月，联想（西部）产业基地工厂正式投产。该基地集生产、研发和销售运营三个中心于一体，目前在成都生产台式机和笔记本电脑，未来还将生产联想的其他产品。同时，建成的联想研究院成都分院，将重点研究移动互联网服务及应用开发、移动互联网服务平台建设、高可靠技术研究、笔记本电脑及移动互联设备研发等领域。显然，联想（西部）产业基地的落成，对联想不断巩固在全球市场的领先优势具有重大意义，是联想全球战略布局的一个重要环节。而对成都市而言，这标志着成都建设全球最重要的电脑整机制造基地迈出了重要的一步。

2019年1月15日，联想成都工厂举行了第2 000万台电脑下线仪式，在进驻成都的八年时间里，联想为成都经济发展贡献了巨大力量。总体来看，联想产业基地的设立以及成都大客户中心和“e企联想”在成都落户，将使联想的全球供应链、研发体系和营销体系的布局更加完善。正如柳传志所言：“四川不仅代表着西部，四川更是面对南亚的桥头堡，借助欧亚大陆桥，以四川辐射东欧，甚至西欧，是联想未来的全球战略。”

在 2019 联想创新科技大会上，联想集团董事长兼 CEO 杨元庆表示，联想从智能物联网、智能基础设施和行业智能入手，已建立起‘端-边-云-网-智’的架构体系。在这场全球智能化的角逐中，联想致力于做智能化变革的引领者和赋能者。而成都是其实现这个宏伟愿景的重要一环。

腾讯：在成都的土壤中，登上手游巅峰

2016 年 11 月，美国游戏主播 Rumbly 在国外最大的视频网站 YouTube 上分享了一段自己玩游戏《王者荣耀》的视频。视频中，他演示了这款彼时在中国玩家间备受追捧的 MOBA① 手游。这段视频一经发布，旋即获得了接近 4 万次的播放量，并引发了大量欧美玩家的围观。

正当部分欧美玩家对这款中国手游跃跃欲试却苦于语言障碍之时，凭借多年的游戏经验，远在印度的发烧友 Suresh Meitei 早已成功攻克了语言难关，在《王者荣耀》打造的梦幻江湖里追逐激战、飞驰纵横。不仅如此，他还在社交平台 Facebook 上建立起一个名为 “King of Glory Community” 的兴趣小组，义务给印度、叙利亚、土耳其、巴基斯坦等国的玩家翻译中文游戏界面。

对于这款手游，Suresh Meitei 说：“《王者荣耀》是移动端的 MOBA 游戏中最好的，它的游戏体验和画质都远远好于其他同类游戏。目前，我身边玩 *Mobile Legends*② 的朋友更多，但那是因为 *Mobile Legends* 开放了国际服务，如果《王者荣耀》有英文版本，那么所有玩家肯定

---

① MOBA：Multiplayer Online Battle Arena，中文译为多人在线战术竞技游戏。

② *Mobile Legends*：中文译为《无尽对决》或《移动传说》，是一款由上海沐瞳科技自主研发及发行的多人在线战术竞技类（MOBA）手机游戏。该游戏于 2016 年 7 月 14 日在安卓平台全球发布，于2016 年11 月 9 日在 iOS 平台发布。

都会转向《王者荣耀》。”

而当年年底，在这款游戏的诞生地中国，上线仅一年时间的《王者荣耀》日活跃用户已超过5 000万人次，日活跃用户峰值超过8 000万人次，并多次位列苹果手游收入榜榜首，表现十分亮眼。

在接下来的两年时间里，《王者荣耀》在国内游戏市场依然保持着强劲势头，并逐步坐稳国内手游界的头把交椅。与此同时，在Facebook，YouTube，Reddit等平台上，各国游戏玩家对它的热情也持续高涨。终于，在2018年9月25日，《王者荣耀》的国际版*Arena of Valor*正式登陆当前世界三大游戏主机之一的SWITCH平台。

据移动应用数据分析公司Sensor Tower的统计，若计入中国IOS的安装量，则2018年《王者荣耀》全球安装量为6 800万次，营收超过18亿美元。截至2018年12月中旬，该游戏在全球App Store和Google Play累计获得2. 78亿次安装。无疑，《王者荣耀》带给腾讯的不只是庞大的用户群和丰厚的收入，还有登上手游巅峰的荣耀。

游戏是天马行空的造梦工厂，但其产业本身却是个更新极快、淘汰率极高的残酷竞技场。半年到两年，是游戏行业的平均生命周期。在美国权威第三方数据统计公司App Annie发布的2018年全球手游收入排行榜上，《王者荣耀》排名第二，较2017年下滑一位。

可以想见，在未来的某一天，像许多曾经大火的网游一样，《王者荣耀》也将活在一代玩家的记忆里。但作为这场生存游戏曾经的赢家之一，它绝对值得被载入人类的游戏史册。这款现象级手游的诞生地，就是成都天府三街的腾讯大厦。

▷▷▷蛰伏蓉城

时间倒回到2002年，那时，成都的游戏产业几乎一片空白，腾讯

(成都)大厦还未动工开建。那一年，尚处于艰苦创业阶段的腾讯在成都设立了办事处。

吴晓波在《腾讯传》里写道："早在2002年的春夏之际，腾讯就开始讨论是否要进入网游领域，5位创始人发生了分歧……然而在马化腾看来，网游是一个不可被错过的机会。"这场讨论的最终结果是腾讯于2003年在上海陆家嘴组建成立了游戏运营事业部。尽管第一次试水以失败告终，却也坚定了腾讯向网游产业进军的步伐。

在最初的几年，腾讯成都办事处的主要工作是负责全国各地的客户服务，为他们解决各类产品问题。那时，没有人会料到，成都有朝一日会成长为中国"手游第四城"，而堪称腾讯集团印钞机的《王者荣耀》也将在这里诞生。

据业内人士回忆，2005年前后，成都的游戏产业开始初步发展。相较于北京、上海、广州等地实力雄厚的互联网公司，成都最早的一批游戏公司已然输在起跑线上。起步晚、缺乏运营渠道、信息不足……尽管不乏专业的游戏人才，但是在端游时代，成都的游戏从业者们只能承接各类外包工作。

尽管非常不易，但是游戏产业的种子已在成都这方土地上播种下来。10年后，当这粒种子破土而出并开枝散叶之时，成都手游界的风云人物——尼比鲁CEO杨祥吉充满信心地说："业外人士看成都手游业，只能看到资金的规模，但我看到的是，成都手游业的根已经长好了。成都的土壤很好，未来10年，我觉得成都甚至有可能超过北京、上海，成为世界上最好的手游城市之一，比肩东京、首尔、伦敦。"

就在成都手游业的环境日臻成熟之时，腾讯高层及时看到了成都在游戏产业方面的无限潜力，逐步扩张并重新规划其在成都的事业版图。

2008年，在汶川大地震过后的第8天，腾讯集团投资20亿元，把原有的办事处改为分公司。同年，腾讯游戏正式确立了以工作室为基础的自研游戏组织体系，并成立了琳琅天上、卧龙等多个自主研发工作室，而其中的卧龙工作室就是天美 L1 工作室的前身。

2012 年，中国手机网民数量首次超过 PC 网民，中国正式进入移动互联网时代。随着智能手机的普及，手机游戏的潜在玩家数量迅速增加，手游产业的春天已然到来。

之后几年间，在经历了早期的求生阶段以后，成都的游戏从业者们充分抓住了这次难得的发展机遇。凭借着政策扶持、人才集聚、宜居环境、研发实力等有利因素，成都游戏业逆风翻盘，在北上广等地还在缓慢转型之时，就迅速转向了移动端。

手游时代，成都异军突起，一跃成为中国“手游第四城”。成都高新移动互联网协会会长张正刚表示：“在端游时代，成都从没出过月流水 1 000 万元的产品，而在全国，端游产品月流水上亿元的都不在少数。但是在手游时代，成都产品月流水上千万元的甚至上 3 000 万元的都有，还不止一款。”

在巅峰发展期，新的游戏公司如雨后春笋般不断冒出。经过优胜劣汰的市场博弈后，近 1 000 家游戏公司去向各异。其间，由于迅速发展所带来的激烈震荡，成都手游业还出现了大幅度缩水、收购、倒闭、暴跌等现象。

大浪淘沙，沉者为金。经过这一轮的“大洗牌”后，成都手游业反而以一种更加健康的姿态继续发展着。在这一过程中，一批实力不俗的公司开始涌现，诸如天象互动、尼毕鲁、雨墨科技、摩奇卡卡、数字天空等。值得一提的是，在 2012 年，尼毕鲁原创开发的《银河帝国》，其用户量甚至一度超越《愤怒的小鸟》，登上了苹果 App Store 北美游戏排行榜第一名。

2014 年，因战略发展需要，腾讯互娱旗下八大工作室改组，琳琅天上、卧龙、天美艺游正式合并升级为天美工作室群。之后的一段时间，天美团队内部忙于做端游《霸三国》的革新内测，对成都手游界的风云变幻似乎毫无察觉。

而早在2014年年底，根据当时的腾讯副总裁姚晓光的建议，天美团队匆忙停掉了手头的《霸三国》，转向了MOBA手游的开发。

2015年，真正被视为中国手游进入全盛时代的标志的网易《梦幻西游》手游发行。随后，腾讯、网易等端游大厂迅速布局，将主战场转移到移动领域。尽管反应稍慢，但是巨头们在资源、渠道、用户等方面的优势却远非别家可比，想要后来居上倒也并非难事。

据统计，2015年，腾讯和网易的移动游戏总收入占国内游戏市场份额的52.3%。而在2016年，这一数字则增长到66%。可以预见，在双寡头的格局之下，已站稳脚跟的新公司也层出不穷，中国手游业的竞争将日趋白热化。值得注意的是，无论是卧龙还是天美，在被腾讯收购后的十年间，除了《QQ三国》之外，二者再无拿得出手的代表作，长时间处于“立项三年，内测三年，修修改改又三年”的尴尬境地。据腾讯（成都）政府关系负责人李进介绍，腾讯内部各团队之间实行“赛马”机制，相互角逐，自由竞争。具体如何操作，外部不得而知。但可以想象，在腾讯内部激烈的竞争环境中，如果再不研发出一款受市场青睐的游戏产品，那么团队的处境将岌岌可危。

成败在此一举，蛰伏数年后，抱着置之死地而后生的信念，天美团队毅然加入了这场手游“混战”。

▷▷▷终成王者

同成都游戏产业的发迹一样，《王者荣耀》的成功也是一个触底反弹的励志故事。

最初，团队内部并没有对这个游戏寄予太大的希望。《王者荣耀》主策划苏毅回忆说：“天美工作室群的老板们觉得手游是一个机会，而天美 L1 工作室有 MOBA（战术竞技游戏）开发的经验，当时并没有这么高的预期，就是想着先把游戏做出来。”

尽管如此，对于团队成员而言，《王者荣耀》的研发历程真可用“身心俱疲”“困难重重”来形容。自 2015 年春节后正式搭建团队起，到2015 年10 月 28 日《王者荣耀》最终问世，团队成员每天都处于一种高压紧绷的工作状态。据团队核心人物游戏制作人李旻回忆：“当时每一天都当作是最后一天来公司工作。”除了提供技术建议外，他当时最主要的任务便是缓解团队成员的情绪以及说服想要离职的同事留下来。具体说来，在当时，成员们的压力主要源自三大方面：时间紧迫、竞争压力大、频繁修改。

当年，市场上还没有一款即时对抗的 MOBA 手游。因此，腾讯内部希望尽快上线这一类游戏，以便抢占蓝海市场。然而，一款游戏的开发需要多个流程：设计地图、人物和外围成长系统，再经过内部体验、玩家反馈等多重关卡之后，才能进入公测环节。

“既然已经开局了，再苦再累也要打下去，坚决不投降。”这既是电竞人的虔诚信仰，也是《王者荣耀》团队那段时间的工作写照。团队成员吃住都在公司附近的酒店，每天加班到凌晨三四点……最终，在历经几个月的紧张研发后，《英雄战迹》① 启动内测。

与此同时，互娱旗下光速工作室研发的一款名为《全民超神》的同类型手游也开始内测。两相对比，《英雄战迹》几乎完败。于是，顶着重重压力，团队成员开始对游戏进行优化调整：从有天赋系统的 3V3 模式到装备系统的 5V5 模式，对战时间从 10 分钟到 18 分钟到 20 分钟再到 15 分钟，名字从《英雄战迹》到《王者荣耀》……

面世当天，《王者荣耀》一炮打响，登上了苹果应用市场免费榜第一名。此后，注册用户数量迅速增长，100 万人、500 万人、800

① 《英雄战迹》是《王者荣耀》最初的名称。

万人、1 000万人……2017年，在团队负责技术、运营、策划的三位总监首次面对媒体接受专访时，《王者荣耀》的注册用户已超过2亿，《王者荣耀》成为全球玩家最多的手游。

2017年5月17日，腾讯一季度财报显示："智能手机游戏实现了129亿元的收入，同比增长57%，此乃受现有及新的游戏（如《王者荣耀》《穿越火线：枪战王者》及《龙之谷》）所推动。"

卧龙工作室彻底摘掉了"酱油工作室"① 这一戏谑性称号，更名在受到业界认可的同时也开始获得腾讯内部更多的资源支持。

▷▷▷立足天府，逐鹿全球

在《王者荣耀》大获成功之后，腾讯打造了包括泛娱乐产业、新媒体产业、硬件产业、竞技产业、地下产业链②五大渠道的一系列衍生产品。其中，于2017年宣布落户成都的《王者荣耀》游戏主题公园格外引人瞩目。

2017年12月，腾讯公司与成都高新区签订《腾讯智能产业、文创及电竞项目投资合作协议》。根据协议，腾讯将打造引领西部、辐射全国的成都文化创意产业集群平台，推动"王者荣耀"职业联赛落地，建设电竞中心及腾讯音乐基地等项目。腾讯开放平台总经理、腾讯众创空间总经理王兰透露："公司下一步将与成都合作打造电竞之都，在成都建设电竞相关产业链的园区。"

而对于天美内部来说，成都也将一直是工作室的事业基点。"我们的团队非常喜欢成都，天美L1工作室是腾讯的重要布局，未来当然不会离开成都。"

---

① 2013年10月卧龙工作室并入天美之前，被戏称为"酱油工作室"。

② 地下产业链包括陪打、排位代练、代充值、买卖账号以及游戏外挂软件等。

凭借《王者荣耀》，腾讯游戏已经成功打开了国际游戏市场的新局面，并占有一席之地。其与任天堂、史克威尔艾尼斯等全球顶尖游戏厂商深入合作、战略入股动视暴雪约6%的股份，入股育碧5%的股份……

可以想象，在《王者荣耀》之后，成都与腾讯仍将携手并肩，在游戏竞技赛场里书写更多的故事，恰如《腾讯传》背面的一行小字“这显然是一个没有讲完的故事，博弈正在进行，没有人猜得出它的结局”。

腾讯于2008年落户成都，至今已有10多年的时间。10多年来，腾讯的团队从几百人扩大至4 000人。软件与信息技术服务业和电子信息制造业有着很大的区别，成都分公司4 000人的团队几乎覆盖了腾讯所有的业务。腾讯驻扎在成都的团队既有火爆全球的《王者荣耀》制作团队天美，也有以大成网为主体的网络媒体，社交类的微信，泛娱乐范围内的影视、竞技，等等。

对提供软件与信息技术服务的企业来说，创意与精品是不可或缺的，而成都正是此类人才在西南地区的聚集地。腾讯成都分公司的相关人士对成都的人才环境评价甚高：“成都有丰富的高校资源、人力资源。我们收购的现《王者荣耀》团队就是一个很好的证明，证明成都不缺乏游戏人才。成都很多中小企业也具备创新的能力。成都市不缺人才。”腾讯成都分公司最初的营收在扩大投资之前只有千万元级别，而现在则达到了百亿元级别，有趋向显示未来在人数规模和营收方面还会有较为乐观的增长。

2020年8月20日，成都市与腾讯公司举行重大战略合作签约仪式，签订《成都市人民政府深圳市腾讯计算机系统有限公司新文创和智慧城市战略合作协议》。双方约定，腾讯将成都作为在全国战略布局的重要城市，在新文创、智慧城市等领域加大投资力度，共同打造未来城市。

第二章
汽车之都

成都作为辐射西南市场的中心城市，已经成为全国第二大汽车市场。汽车产业被成都视为八大特色产业之一。除了本地车企外，凭借极具潜力的市场空间和区位优势，成都还吸引了大批主流车企在此建厂。

▷▷▷四川丰田成立

在国内汽车发展史上，成都这个西南重镇的汽车工业的起步时间甚至比广州、芜湖等地还早。

在20世纪80年代末期和90年代初期，成都就造出了当时量产的自主品牌轿车“夜明珠”，“通工”“野马”“大地”等厂家引领了首轮SUV风潮，川旅厂①的华西牌客车驰骋全国……有汽车业知情人士说：“巅峰时期，四川汽车产业的产值一度排名全国第四。四川有自己完整的汽车产业生态，甚至形成了一定的品牌效应。”

1997年，党中央正式确定重庆为中国第四个直辖市。由于四川之前将主要的汽车产业布局在重庆市，于是重庆的直辖就导致了四川的汽车产业被大量剥离。原四川省招商引资局于2009年在一份名为《四川汽车产业调研》的报告中写道：“1997年重庆直辖，川渝分家，当年四川汽车工业总产值达13.6亿元，而重庆分走了11亿元，四川汽车行业基本上重新开始。”当时除四川外，中国汽车大省市主要还有吉林、上海、广东、湖北、北京、安徽、天津等。

重庆直辖使得曾经辉煌的成都汽车产业归于沉寂。对于一个高速发展的产业来说，这无异于行军路上的一次重创。不过那时候留下来的汽车配套体系和技术人员，依然为一些大规模的汽车厂家服务，这也成为成都重振汽车工业的基础。

在重庆直辖之后，四川决策层并没有气馁，而是敏锐地抓住了全球知名汽车品牌在中国的新一轮战略布局机遇，这使得以成都为代表的汽车产业迅速崛起。

---

① 四川旅行车制造厂（简称川旅厂）

1998 年，日本丰田公司与制造华西牌客车的四川旅行车制造厂合作，建立了在中国的第一家整车合资企业——四川丰田汽车有限公司（简称四川丰田）。这是四川第一家跟上时代步伐，甚至是当时国内领先的现代汽车生产企业。

据知情人士透露，其实丰田与川旅厂的接洽从 1993 年就开始了。谈判的过程非常艰辛，但四川省政府和成都市政府一直把这作为四川汽车工业发展的一个契机，始终严肃又认真地对待，并尽最大努力促成合作。

1998 年 12 月，四川丰田正式成立。2001 年四川丰田正式投产，同年 4 月，其生产的柯斯达客车正式投放市场，取得了当年投产、当年创收的良好业绩。

川旅厂和丰田的合作引起了一汽的关注。2002 年 8 月 28 日，在一汽与丰田合作的新闻发布会上，日本丰田与中国一汽集团宣布，四川旅行车制造厂正式加盟中国一汽集团。2002 年 10 月 21 日，四川丰田正式更名为四川一汽丰田。2003 年 5 月，四川一汽丰田建成普拉多越野车生产线，并于同年 9 月开始正式生产陆地巡洋舰（LAND CRUISER）系列中的普拉多（PRADO）越野车。

▷▷▷建立一汽-大众成都工厂

如果说与丰田的合作是成都汽车产业崛起的第一步，那么与一汽的合作则是成都汽车产业重整旗鼓的关键一步。

除了与丰田合作外，从 2002 年开始，四川和一汽开始了更深的接触，这为后来的一汽-大众成都工厂的建立提供了条件。

2002 年 10 月，中国第一汽车集团在四川成立了“成都一汽汽车有限责任公司”（成都一汽）。其中，一汽集团占 81.15%的股份，成都工业投资公司占18.85%的股份。(后成都一汽成为一汽集团全资子公司。)

成都一汽成立后，成都市政府努力游说一汽集团，争取将高端的整车项目引进成都生产。终于，在2006年下半年，一汽集团决定将一汽-大众捷达拿到成都一汽来生产。

2007年7月19日发生了成都汽车产业发展史上的一个里程碑事件——捷达轿车成都生产基地启动仪式正式举行。那一刻，国内单一品牌销量冠军车型——捷达的成都生产项目终于在业界的种种猜测中揭开了面纱。

一汽和成都的深度合作，加速了成都汽车产业的发展。

2008年10月30日，一汽-大众成都项目签字仪式在成都举行。这是成都汽车产业发展史上又一个具有重要意义的时刻。

2009年4月3日，中国一汽集团将成都一汽100%的股权转让给一汽大众；5月8日，“一汽-大众成都分公司成立暨一汽-大众成都35万辆轿车生产项目建设在成都经济技术开发区启动仪式”在成都举行。此后，一汽-大众成都分公司开始拥有齐全的“冲焊涂总”四大工艺，进入了发展的新阶段。

布局中国，选点西部，落子成都。这是成都汽车产业发展的大机遇。

相关资料显示：一汽-大众成都分公司一期项目占地550亩，总投资8亿元，年产捷达2万辆；2010年，捷达汽车年产量达到4.1万辆，年产值达到35亿元；2011年9月，一汽-大众成都分公司二期项目也顺利建成，占地670亩，总投资81亿元，主要生产新速腾(NCS)及新捷达轿车。

2010年7月28日，由成都市政府和一汽-大众成都分公司主办的“一汽-大众成都NCS项目零部件园区启动大会暨关键零部件项目签约仪式”举行。包括5家世界500强合资企业在内的22个关键零部件项目入驻成都经济技术开发区，总投资39.22亿元（其中含外资1.2亿美元）。这些项目为一汽-大众成都NCS整车制造提供配套，标志着成都汽车产业集中、集群、集约发展取得了重大进展和突破。**一汽-大众的进驻是成都汽车产业发展的一个重要的里程碑。**

2011年7月16日，一汽-大众成都分公司三期扩建项目正式启动，占地826亩，总投资70亿元，建成达产后形成了年产45万辆轿车的生产规模，主要产品为新速腾、新捷达及其他新车型，总产值达到675亿元。

就在同一天，一汽-大众EA211发动机项目也正式落户成都。项目一期投资28亿元，建成后将形成年产45万台发动机的生产规模。该项目于2013年3月建成投产。项目二期于2013年开工建设，于2015年建成达产。两期项目全部建成达产后形成了年产60万台发动机的生产规模，年产值达到150亿元。

总共三期项目加上发动机项目，一汽-大众成都分公司在成都的总投资近190亿元。“累计生产整车420万辆，产值超过3 300亿元，上交税金近290亿元。”这是一汽-大众成都分公司截至2019年7月交出的成绩单。

▷▷▷成都经开区成立

2000年，位于成都市龙泉驿区成都经济技术开发区被国务院正式批准为国家级经济技术开发区。成都经开区和龙泉驿区的目光瞄上了发展潜力大、辐射带动能力强的汽车产业，“西部现代制造业基地”启航。

实际上，直到2002年，成都经开区内还仅有银河汽车一家农用整车生产厂（年产能仅为2 000辆），以及零星的10多家汽车零部件生产厂商。2003 年，成都经开区仍只具备生产 2 000 辆整车的生产能力。2005 年，汽车产业尤其是整车生产能力的发展被提上日程，同时，四川省出台了以成都经开区为中心的汽车产业发展规划。彼时，成都汽车产业开始跨越式发展。**不到 8 年时间，成都汽车产业从无到有，迅速变大变强，完成了其他城市 20~40 年的产业基础积累。**

2006 年年底，成都一汽整体搬迁至成都经开区；2007 年 7 月 19 日，第一辆“成都造”捷达下线；2008 年 7 月 6 日，一汽丰田项目建设启动；2008 年 7 月 18 日，成都一汽第 1 万辆捷达轿车下线。2009 年 5 月8 日，一汽-大众成都公司 35 万辆轿车生产项目建设在成都经开区正式启动。2011 年 2 月 25 日，沃尔沃宣布其首个中国新家将落户成都。

为大规模引进汽车生产企业和配套产业，成都开全国之先河成立了“汽车产业推进办”，成都经开区更是设置了“汽车产业投资服务局”，主要负责统筹和履行经开区汽车制造项目和汽车商贸、物流、博览、专卖以及以汽车为主题的文化、休闲、运动等项目的投资促进工作。

政策牵引，呼应者众。一汽丰田、一汽大众、吉利汽车、神钢集团、大运重卡、一汽专汽、一汽客车、卡特彼勒、普什重机等纷纷落户成都经开区，从轿车到装载机，从货车到客车，几乎涵盖了所有的汽车类型。

如此，成都经开区汽车产业实现了从小到大、由弱渐强，产品从单一到多样、从低端向高端的快速崛起。成都经开区累计引进建设了一汽大众、一汽丰田、吉利高原、沃尔沃、神钢等近 20 个汽车整车、整机项目，以及一汽大众发动机、博世底盘、江森内饰等近 200 个汽车主机及关键零部件项目；推动了川汽纯电动公交车、一汽新能源客车等 12 个新能源汽车项目聚集发展，搭建了年产百万辆整车的生产平台。

天驹汽车：第一款“成都制造”轿车

▷▷▷退伍老兵造车

据公开资料记载，天驹汽车是1988年由红牌楼容器厂、长城床垫厂、红牌楼企业公司联合发起成立的。其创始人李君佑当年正是红牌楼容器厂的负责人。

“中国汽车产业散乱差的始作俑者”，李君佑现在已坦然接受批评者扣在他头上的这顶帽子。他说：“每个行业都有先行者，天驹现在成了‘先烈’，我就是那个滚地雷的。”

1978年，李君佑从部队退伍进入了一家企业。然而，他并不安于现状。1982年，李君佑离开原来的单位，创建了一家容器厂，并挖到了“下海”后的第一桶金。1984年，李君佑的工厂转做锅炉辅机，一年的利润达到了近万元。

虽然熟悉李君佑的人都知道他是个不走寻常路的人，但是当1987年李君佑宣布要造轿车时，周围的人还是吃了一惊。

“那个年代我们都把汽车当成生产工具，很少有人把它当成消费品。”李君佑回忆，造车的冲动起源于公司的一次购车经历。当时由于业务发展，容器厂需要购置一辆微型货车，而市面上只有两个品牌可供选择，一是售价 1.35 万元的长安，二是售价 1.25 万元的汉江。李君佑选择的是更便宜的汉江。没料到的是，他竟然被告知，由于供不应求，要在 3~5 个月之后才能提车。而在几个月后，他去提车时，汉江的价格已经上涨到了 1.7 万元。

李君佑把这辆汉江微货开回厂里之后，研究了一阵，一个大胆的想法诞生了：利用汉江的发动机、底盘这两个关键技术，加上轿车外壳，这不就是轿车吗？

彼时，李君佑与汽车打交道的经历包括：十五六岁时曾经在林业汽修厂帮工半年多，首辆峨眉牌大客车就是在这里建造的；参军后，在部队里负责通信车、雷达车的维修。

不难想象，当李君佑扬言要“造汽车”时，他遭到了怎样的质疑、嘲讽甚至是批评。“个体户也想搞汽车？开什么玩笑！”李君佑转述道。不过也有例外，当年和他一起参军的战友老龙闻讯加入，成了李君佑的铁杆伙伴。李君佑迅速组建了“造车班子”，邀请了几个志同道合者，包括成都汽车运输公司梁家巷修理厂的技术骨干。李君佑负责图纸设计、车身设计，用现在的话说就是课题组组长。由于大家热情很高，只用了 11 个月，轿车就成型了。

▷▷▷“夜明珠” 的闪耀与黯淡

1987 年，正当李君佑为自己的“汽车梦”激动得彻夜难眠时，在千里之外的北戴河，一次影响中国汽车产业发展进程的会议正在召开。在这次“北戴河会议”上，国务院明确建设一汽、二汽和上汽三个轿车生产点。随后，“三大三小”战略出台，即国家只支持一汽、二汽和上汽三个轿车生产基地（三大）和北京、天津、广州三个轿车生产点（三小），而不再批准任何其他的生产点。唯一的例外是军工系统的奥拓和云雀。

但是，这并没有阻挡“夜明珠”① 在市场上的走红，每辆 2.85 万元的售价对市场上的买家而言太有诱惑力了。随后，天驹将这款汽车远销大江南北，时至今日，天驹的老员工仍然对当年来自天南地北的用户是如何蜂拥而至、抱着现金在厂里等着提车的情景津津乐道。蓉城出租汽车公司在 1992 年刚成立时就一次性购进了 51 台“夜明珠”，在当时充斥着拉达、波罗来茨等外国二手车、“夏利”就是王牌的成都出租车市场，“夜明珠”带来了新鲜感。

从“夜明珠”诞生之日起，李君佑就绞尽脑汁想把它送进国家准许生产的汽车生产目录中。虽然后来这份目录不断扩大，但是李君佑和他鼓捣出来的“夜明珠”却始终与之无缘。

他曾自嘲道：“我们这个车取名夜明珠，顾名思义就是适合晚上行动，没得牌照的哦，你最好是晚上走。”

一方面没有取得合法的“出生证”，另一方面却在市场上热销，“夜明珠”就在这种尴尬中热销了数年，直到 20 世纪 90 年代末。

1998 年，无论是对创业的李君佑还是对整个中国汽车业而言，都相当于一个分水岭。

这一年天驹汽车制造的产品，除了轿车以外，还扩展到轿跑、沙滩吉普车等车型；同年，上海桑塔纳的“时代超人”上市，广州和日本本田签署合资合同，天津汽车第 50 万辆夏利轿车下线；同为民营企业造汽车的李书福，在这一年生产出了第一辆吉利轿车。

“说起来，我们是被互联网淘汰掉的。”李君佑感叹道。天驹汽车虽然从 1994 年就开始亏损，但是正式停产是在 1998 年。此前，给汽车上牌照都是以纸质文件进行，“可以蒙混过关”。但是自 1998 年以后管理系统改成了联网的电子信息系统，每年的车型必须录入光盘目

---

① 天驹汽车品牌名。

录，如果各地车管所在目录中找不到该车型，用户就根本无法为它上牌照。

在挣扎折腾了整整 10 年之后，李君佑最终还是停止了“夜明珠”的生产。

由于曾成为蓉城出租的运营车种，“夜明珠”作为成都的“自有品牌”轿车，也留在了市民的记忆中。但后来随着生活水平的提升，这款样式简朴、功能单一、连空调都没装的“夜明珠”渐渐失去了市场。“夜明珠”成为留在成都市民记忆中的一个符号，天驹汽车也在市场的大潮中渐渐没有了声音。

2011 年 3 月 25 日，成都天驹汽车股份有限公司与最后 27 名员工签署了劳动解除合约，成立了 21 年的成都天驹汽车股份有限公司正式宣告解散。这家公司生产的“夜明珠”牌轿车被称为“成都制造”的第一款轿车整车。

天驹汽车最后的厂房位于成都红牌楼附近，门前的马路曾被命名为“夜明珠路”，不过现在这个路牌已经无迹可寻。

根据当年成都媒体的报道，正是在这片厂区里，曾有“400 多人的庞大职工队伍来来往往，砂轮、电焊机轰鸣，烤漆房忙碌一片，车辆排得整整齐齐”的盛况。也正是在这片即将成为废墟的厂房中，诞生了专利号为 89212740.6 的一种钢塑复合材料。应用上述材料生产出来的“夜明珠”牌汽车，在 1988 年启动生产线，并在随后创下了全国年销售量 5 000 多辆的成绩。1992 年，蓉城出租汽车公司在刚成立时就一次性购进了 51 台“夜明珠”。那年夏天的晚上，“夜明珠”的淡淡荧光照亮了蓉城的大街小巷。

然而，在 2011 年春天，这片厂房只剩下一片这样的景象：在一地狼藉的废墟旁，盛开着一片灿烂的油菜花，就这样，“夜明珠”这个品牌在时代的朝流中也逐渐成为明日黄花。

▷▷▷退出历史舞台

“‘长江后浪推前浪，前浪死在沙滩上’，这句话用来形容天驹再合适不过了。”天驹最后一批员工中的小李说。他是李君佑的儿子，大学学的是汽车工程专业，2006 年他加入天驹汽车时，公司做在给出租车改装天然气的业务。但是2008 年，天驹将改装业务外包给了另一家公司，就没有其他业务作支撑了。

“有些悲壮。”小李谈到天驹的命运时说道。他在后来处理一些老文件时才发现，天驹在最“辉煌”时曾有五六百人，甚至在西安还有一家分公司；天驹曾经研发过一款类似 SUV 的车型，而那时市场上还没有 SUV 的概念。夜明珠汽车由于没有生产资质，后来被禁止上牌。

2011 年 3 月 25 日，一大早天驹汽车最后一批 27 名员工来到位于东大街的一家律师事务所。在这里，他们和天驹汽车解约，每个人分别获得了一笔 7~8 万元遣散费。除此以外，天驹还公告通知股东前往领取权益，每股权益净值为 1.38 元，超过股本部分为 0.38 元。

“我知道有股东对这个价格不满意。过了十几年，每股只赚到 3 毛 8 分钱，还不如存银行。但我只能做到这一步了。”李君佑叹道。在 1996 年前后，李君佑筹措资金为天驹汽车发行股份。“都是5 万元、10 万元凑起来的，大概有 730 多名股东。”李君佑说，彼时认购十分踊跃，最后实际筹了 1 600 多万元。

工友老王掏出老花镜戴上，他的双手摆弄了几十年轴承，拿起笔来却有些微微发抖，但他还是工整地在合同上写上了自己的名字，按上鲜红的手印，然后平静地离开。而在工友们团聚的会议室里，有的老工人潸然泪下。

就这样，天驹汽车正式退出历史舞台。

川旅厂：二次起跑，重振四川汽车工业

1988 年，四川旅行车制造厂在梁家巷成立。

循迹成都汽车产业发展的脉络，川旅厂的成立看似一个相对独立事件，但却成为 25 年后成都打造“世界级、万亿级的国际汽车产业高端基地”的不可小视的“星星之火”。

▷▷▷改革出新品

1988 年，川人李君佑凭着对汽车的执着梦想造出了四川汽车工业史上第一款轿车并取名“夜明珠”。在当年连奥拓车都卖七八万元的时代，仅售 2.85 万元的“夜明珠”风靡一时。然而，夜明珠并未能持续照亮川人追逐汽车梦的道路。2011 年 3 月 24 日，伴随“夜明珠”的生产厂家——天驹汽车公司的一份“清算方案”，“夜明珠”正式告别汽车历史舞台。

相似的创业史，发生在一个叫川旅厂的企业。然而，川旅厂故事的轨迹却是以另一种方式演进，成为成都汽车产业从零起步的“星星之火”……

1958 年，一家敲敲补补的三轮车修理厂从街道中的一家小厂起家，开始了 29 年艰辛造车之路。1987 年，它以国家中轻型客车定点

制造企业的身份，有了进入四川汽车工业版图的名字——四川旅行车制造厂。

提及川旅厂，有一个人不得不提及——曾任川旅厂厂长的姜治中。

1985 年，姜治中担任川旅厂厂长时，成都大的汽车企业包括成汽厂、川客厂、专汽厂，这些企业的产品都被国家正式列入了《全国汽车产品目录》。而此时的川旅厂，总资产为 1 000 万元，年产客车 100 辆，销售收入仅为 1 000 万元，其主要搞一些车辆的修理和货车、客车的旅行改装。“厂里也生产客车，但都是‘黑户口’，只能凭借省里的政策在四川销售。”当时的川旅厂，顶多也只是一个小小的汽车修理厂。

上任后的姜治中开始了大刀阔斧的改革。仅在 1985—1993 年该厂就开发了 3 代新产品、100 多个品种，川旅厂没有向国家要一分钱，对生产线依轻重次序进行了技改，扩大了产能，建立了企业内部的“劳务市场”招聘中层干部……1987 年，川旅厂成功兼并成都第二客车制造厂。

“当时，川旅厂的名字，并没有它生产的汽车有名气。”一位曾经的川旅厂中层负责人回忆道。当时，川旅厂制造的“华西”牌中轻型客车已面向全国市场并有部分出口。

一匹黑马，横空出世。

1993—1995 年川旅厂连续三年夺得全国中型客车行业产销之冠。仅在 1993 年，川旅厂客车年产量就已达 8 000 辆，销售收入达 4. 1 亿元。由此，川旅厂跻身中国 500 家最大工业企业行列和机械工业百强企业。

此时，姜治中并不知悉，由自己“掌舵”的这匹黑马，已进入日本丰田的视线。

▷▷▷联手丰田

当时，日本丰田在中国尚无一家合资企业，只有一些零零星星的零部件企业，从战略布局上考虑，丰田意欲以客车为跳板进入中国汽车行业的计划由来已久，却一直没找到一个适合的时机与平台。1993年，这条似乎是突如其来的橄榄枝，摆在了归零起步的四川汽车产业面前。

5年谈判，可谓在曲折中前行。省、市领导和相关部门，赴日本，多次谈判；到北京，申请支持；在成都，频繁交涉……

“几年谈判，最大的体会，是四川省、成都市政府要推进这个产业的决心。”时任川旅厂中层的一位负责人，对选址问题记忆犹新，“当时梁家巷已经没有发展空间，选了很多地方，最后在成华区跳蹬河南路9号，川旅厂兼并了一家濒临破产的企业，由此获得了可贵的土地。”

1998年11月10日，就在这块土地上，总投资9 909万美元的四川丰田汽车有限公司正式成立。其三大股东为四川旅行车制造厂、丰田汽车公司和丰田通商株式会社，持股比例分别为50%、45%和5%。

四川丰田既是日本与中国的第一个整车合资项目，也是四川省当时最大的汽车合资项目。

2000年，第一辆国产柯斯达整车下线。

此时，四川丰田已具备从冲压、焊接、喷涂到组装四大生产工序，零部件的国产化率达到了60%以上。投产不到一年，四川丰田已生产柯斯达客车2 200辆，销售达2 000多辆，几乎没有库存。

丰田柯斯达下线，创下了当年投产、当年盈利的丰田海外企业记录。2001年，“成都造”柯斯达客车产量已超过2 000辆，实现产值

7.14亿元，收入达6.6亿元，实现税利1.63亿元，国产化率达60%。

柯斯达在相当长的一段时间里，占据着国内公务活动用车市场。当时，丰田汽车计划2005年时实现柯斯达产量1万辆，即占中国客车市场10%的份额，并预计可实现销售收入32.5亿元，从而使成都成为世界上最大的柯斯达生产基地。

2002年5月18日，时任国家主席江泽民来四川考察，不顾旅途劳顿，当日下午就来到生产柯斯达客车的四川丰田汽车有限公司。走过一台台大型冲压机、一条条流水线，他不断地向姜治中提问，当听说柯斯达客车很有市场时，他停下脚步向公司日方总经理矶贝匡志先生说："很好，很好。"

▷▷▷一汽重组

2002年7月18日，时任成都市委副书记葛红林带队登上了前往一汽集团考察的班机。一汽集团与成都汽车产业开始了真正实质性的接触，成都汽车产业整合序幕正式拉开。

7月19日，时任一汽集团总经理竺延风、副总经理金毅与成都代表团进行了会谈。"会谈时间并不算长，但双方却谈得很深。"一位随团代表回忆，会谈中，成都方面直陈来意，提出希望通过与一汽集团的重组合作，将成都发展为一汽在西部地区的汽车基地，并提出在蓉生产柯斯达、越野车、轿车及中型卡车的建议。

有备而来，诚意彰显。一汽当即表示，此次合作将形成多方共赢的局面，一汽将以最积极的态度、最快的工作节奏，研究、规划、安排、部署与成都的合作事宜。竺延风称，他将亲自负责此次合作。

7月22日，成都市成立了一汽集团与成都汽车工业战略重组协调领导小组，并同时成立了工作小组，负责对接一汽方工作小组的工作。

8 月 12 日，应成都市委、市政府邀请，由时任一汽集团副总经理金毅带队的一汽调研组一行 10 人抵达成都，双方进行深度会谈。

8 月 13 日，一汽调研组马不停蹄地对川旅厂及其合资公司进行了考察，并在当晚与成都方再度会谈。双方同意由一汽集团与成都工业投资公司出资共同组建一汽集团成都汽车有限公司，并就合作内容、资产剥离、工作进度等达成原则性共识。

8 月 21 日，葛红林再次率队赶赴长春，连夜与一汽进行会谈。

8 月 22 日，一个重大的协议签订了。一汽、成都市政府、成都工业投资公司、川旅厂签订相关合作协议。正是这个协议主导了以后重组整合的全过程。

此后，随着 8 月 29 日中国一汽与日本丰田汽车合作协议签字仪式和 9 月一汽集团与成都方面签约仪式的相继举行，成都一汽组建进入“倒计时”阶段。

西部广袤，市场庞大。一汽完成对成都汽车工业的整合，这无疑是在成都、四川乃至西部巨大的、尚待大力开发的汽车市场上，摆上了一粒举足轻重的“棋子”。对“华西”“柯斯达”客车进行的继续开发，使一汽的产品线延伸到了中型客车上，这将弥补一汽在产品种类上的不足。将卡车放于成都生产，可利用西部低廉的生产成本和良好的地域优势，进军西部汽车市场，进而调整我国汽车产业布局，一汽一举数得。

而站在一汽与成都汽车工业整合“舞台”背后的日本丰田，对这样的重组更是满意。一汽与川旅厂合作，川旅厂与日本丰田的合资项目——四川丰田自然也成为一汽与丰田的合资项目；再加上一汽全面与日本丰田展开战略合作，中国市场的合作战略在日本丰田眼中豁然开朗。天津主打轿车、成都主攻客车和越野车，日本丰田借用与一汽在天津和成都的汽车整合，使中国丰田汽车的生产布局成为一个整体，并更加合理。

▷▷▷打造超级跑车

2008年7月5日，距离刚刚发生的“5·12”汶川大地震不足两个月。

在龙泉驿区，中国一汽集团和日本丰田汽车公司共同出资建立的四川一汽丰田汽车有限公司搬迁扩建项目如期开工建设。这个投资总额约为36亿元的产业化项目，将使柯斯达和普拉多的生产能力达到年产3万辆。

项目开工仪式当天，中国一汽集团和丰田汽车公司的高管双双来蓉。在“5·12”汶川大地震刚刚过去的关键时期，此次如期开工，给了外界很强的信号：这里的发展没有因为地震而打乱。

当时，成都一汽上马新车型的生产技术准备工作已经开始实施，很快就会推出“普拉多”越野车。据当时市场预测，该款汽车售价为人民币40余万元。

成都一汽丰田公司从2000年投产以来，先后完成了柯斯达和普拉多的多次换型升级，产品线不断丰富。2016年年底，成都一汽丰田举行了“普拉多”车型累计产量超过20万辆以及公司整体下线产量超过30万辆的盛大庆祝仪式，全公司1 000多位员工和公司高层共同参加典礼。他们都发自内心地为自己十余年如一日、默默艰苦工作而取得了如此骄人的成绩感到十分自豪。

到2018年，成都一汽丰田公司已经成功研发出年产能力达到5 000辆的“2018年新款柯斯达”豪华客车和年产能力达到4.5万辆的“普拉多3.5L卓越型”，以及其他越野车型。成都一汽年产量也从最初的 2 000 辆发展到 6 万多辆，公司 2017 年年产值超过 75 亿元，并连续多年位列成都纳税百强企业的前 20 位。

未来，一汽集团和丰田集团这两大主要股东已经达成战略共识。主打越野车系和豪华客车的成都一汽丰田公司还打算在成都投入数亿元的资金，继续加快生产线的建设以及新研发产品的下线速度。销售负责人介绍道："依托西南地区多山路的有利条件，加上西部地区经济日渐繁荣，消费水平不断升级。越来越多的都市职员假期内不再满足于都市闲逛，而是选择去征服高山雪域，越野车市场消费潜力非常巨大。"

成都一汽的员工也自豪地介绍道："放眼如今的川藏线，十辆越野车九辆普拉多，还有一辆是'霸道'。"**从零起步，这个"单打冠军"，一个动力十足的引擎，引领着成都的汽车工业发展势如破竹，谱写着辉煌的篇章。**

捷达：牵手成都一汽，老车变新车

在2012年9月开幕的成都车展上，一汽-大众旗下代号为“捷达NF”的全新捷达轿车正式登场，这是一款在一汽-大众生产了21年的老车型有史以来最大幅度的改款。

一汽-大众落子成都的第一个品牌即是捷达。2017年后，捷达这款中国车市的“不老传说”在成都实现了升级换代。而一汽-大众也在成都演绎着一次又一次的裂变与突破：前后三期项目加上发动机项目，一汽-大众成都分公司在成都的总投资已达近190亿元，工厂占地2 286亩。

捷达在成都的故事，或者说一汽-大众在成都的故事，见证了成都汽车产业逐步清晰的发展脉络，以及产业链圆梦的过程，成为成都汽车产业发展史上的重要里程碑。

▷▷▷“一个半工艺” 起家

捷达在成都的发展故事，不得不从2002年10月开始说起。

2002年10月，中国第一汽车集团在四川成立了“成都一汽汽车有限责任公司”（成都一汽）。

熟悉一汽在成都的发展历史的人说，当时成都一汽实际上就是承接了原四川旅行车制造厂。成都一汽成立后，其主导产品仍旧是华西牌客车（原四川旅行车制造厂风靡一时的主导产品）。

“这个车技术含量很低。”有知情者透露道。

2002—2006年，成都一汽的发展定位并不清晰。据知情者回忆，成都市当年极力引进一汽，主要是看重了一汽对于聚集产业链的标志性效应。

在成都一汽成立后，成都市继续努力游说一汽集团，争取将更“高端”的整车项目引进成都生产。终于，在2006年下半年，成都市通过一汽集团说服了一汽-大众将捷达拿到成都一汽进行生产。

据称，当时，成都一汽没有轿车生产的资质，产地合格证上不能印成都两个字，因此只能将捷达放到成都进行委托式生产。成都市方面和成都一汽之所以积极引进捷达，主要是出于对三个方面的考虑：一是通过生产捷达来培训成都一汽的员工队伍；二是通过生产捷达给外界树立成都要做并能做大众车的信心；三是通过生产捷达，在成都一汽公司内部建立与一汽大众接轨的管理体系。

“这一切都是决策者为了成都汽车工业的未来所做出的十分正确且缜密的准备过程。虽然过程漫长而曲折，但是现在看来，确实是为未来的产业发展铺好了路。”业内人士说。

2006年11月，成都一汽正式搬入成都经济技术开发区。由于是委托生产，生产捷达所需的四个工序，成都一汽只能进行其中的“一个半”，即总装的完整工艺和涂装的半个工艺，这是一种非常不成熟的状态。而在这之前的冲压、焊装两个工艺都要在长春完成。尽管如此，但是这一个半工艺对于企业自身的发展，对于成都的汽车产业的腾飞，意义重大。

▷▷▷缓解产能压力

2007年7月19日，成都汽车产业发展史上的一个里程碑——捷达轿车成都生产基地启动仪式正式举行。那一刻，国内单一品牌销量冠军车型——捷达成都生产项目终于在业界的种种猜测中揭开了神秘的面纱。

一汽-大众官方当时的新闻说：“这表明了中国第一汽车集团与其合作伙伴德国大众集团大力支持中国西部开发的决心，在满足市场日益增长的需求方面取得了突破性的进展。”

这则新闻在解释选址成都的原因时说：“当时，由中国第一汽车集团与德国大众集团合资合作在长春一汽-大众汽车有限公司生产的捷达，一直以来深受广大中国消费者的喜爱。由于近年来捷达一直保持年销售量超过20万辆的良好销售势头，给计划年产能为15万辆的捷达产能释放带来了压力。而成都汽车制造基地与一汽-大众同步生产捷达轿车，将有效缓解一汽-大众捷达生产线的负荷，为进一步满足消费者对这一车型日益增长的需求提供保障。”

熟悉成都汽车产业发展的人士普遍认为：一汽-大众当时的迅猛发展势头，给成都一汽承接捷达品牌创造了机遇；并且成都一汽作为一汽旗下公司，其发展需要放在集团西部战略的大局下来考虑。

这天，在捷达轿车成都生产启动仪式上，时任一汽集团公司总经理竺延风和德国大众汽车集团总裁文德恩表示：“在合资生产整车、动力总成和关键零部件的基础上，德国大众汽车集团和中国第一汽车集团将积极响应中国政府的西部大开发战略，大力支持帮助成都捷达的生产。同时，还将全面提高对西部地区客户的服务水平。”

当时成都市的主要领导也在仪式上肯定了一汽及德国大众集团公

司对成都市以及整个四川省经济发展所做的贡献，并对由此产生的就业机会及产业结构调整给予了高度赞扬。同时表示当地政府要大力支持成都一汽的建设和发展，为其提供政策上的支持。

截至2007年7月19日，成都汽车制造基地经过多年的准备，其生产技术已经完全符合大众汽车全球生产标准，并且质量保证体系由一汽-大众统一控制，在成都生产的捷达的质量完全达到了一汽-大众的质量要求。

参加当天启动仪式的相关人士回忆说："当时还有一个关键的场景不为大众所知：大众汽车集团总裁文德恩在访蓉期间与四川省和成都市领导进行了十分深入的会谈。可以说这次会谈初步奠定了德国大众在成都发展的基础。"

▷▷▷汽车产业链圆梦

成都追求汽车产业大发展的脚步从未停顿。

在凭着"一个半工艺"开始生产捷达的同时，一汽集团也希望成都一汽考虑一些其他的车型。但据知情者回忆，当时成都市的领导多次与一汽集团进行沟通，说："我们想要一门心思做捷达。"

"成都专注于做捷达，实际上是看重了'大众'的品牌。"知情者说。

几番沟通下来，成都市的诚意最终打动了一汽集团。

2009年3月，一汽集团高层下了一个很大的决心：把一汽集团拥有的成都一汽的全资股份，拿到天津产权交易所去进行股权转让，定向由一汽-大众摘牌，买下成都一汽的全部股份。

据知情者回忆，在摘牌后的2009年5月8日，一汽-大众成都分公司成立暨一汽-大众成都35万辆轿车生产项目建设在成都经济技术开发区举行。从那时起，一汽-大众成都分公司开始拥有齐全的“冲焊涂总”四大工艺，正式由“一个半工艺”进入发展的新阶段。

据知情人士透露，实际上成都一汽的发展好坏，与一汽集团在西南的发展战略息息相关。“把成都一汽交给一汽-大众，实际上是一汽集团在统筹了西南发展战略的大背景下做出的决定。”至此，成都汽车产业以乘用车为发展方向的脉络逐渐清晰：一步步由客车修理厂到客车制造厂到华西牌中型客车到四川一汽丰田到一汽-大众捷达……

熟悉成都汽车产业的人士说，35 万辆只是当时的一个规划，到底能做多大，当时的地方政府心里还是没底的。

从 2009 年 5 月 8 日起，一汽-大众开始创造奇迹：只用了不到一年半的时间，就在成都经济技术开发区一马平川的空地上，建成了完全符合德国大众理念和标准的现代化厂房。一年半的时间，不仅厂房修建好了，设备安装调试也全部到位。2010 年下半年，一汽-大众成都分公司开始试生产。2011 年 10 月 31 日，一汽-大众成都分公司宣告全面建成投产。

“厂房修得很快，设备也安得很快，一汽-大众上得也快。”一汽-大众成都分公司的相关人士说道。

“现在平均每一台车耗时 64 秒。我们理想的状态是 60 秒出一台车，一天出 1 200 台。现在日产量是 1 000 台整车。”

捷达的成都造、一汽-大众的落户、大众更多车型的引入，的确为成都发展汽车产业奠定了基础。成都市政府在一汽-大众成都分公司 5 千米范围内建了两个园区：零部件园区和物流园区，都为一汽-大众成都分公司做配套。而目前，已经有近百家相关企业入驻，真正意义上实现了用整车带动零部件企业发展的路径。如此，成都汽车产业链圆梦。

十多年来，一汽-大众成都分公司终于拥有了一条完整的汽车产业链。2019 年 3 月，一汽-大众携手大众中国投资 10 亿元，在成都共同成立合资企业——摩斯智联科技有限公司，打造 MOSI（Mobile Online Services Intelligent）品牌，旨在为一汽-大众自 2019 年起生产的所有车型提供数字化服务。不仅如此，一汽-大众还在成都建成了数字化研发中心，大力推动车联网、新零售、移动出行等方面的发展，实现了数字化转型升级。

沃尔沃："嫁入"中国，在蓉新生

2011年2月25日，沃尔沃汽车公司宣布了未来5年在中国的发展战略，透露了这一全球知名汽车品牌的新动向：在中国建立成都、大庆两个生产基地和上海总部基地，并在2015年达到20万辆车的销量和占有中国豪华车市场20%的份额。其中，在成都建立的首个生产基地于2013年落成投产，年产量达10万辆。

沃尔沃汽车全球总裁兼首席执行官斯蒂芬·雅各布宣布："沃尔沃汽车董事会和全球管理层已确定在成都建立中国首个制造工厂，覆盖中国西部市场，并批准建立大庆中国北部基地，同时决定加快上海总部和中国技术中心的建设。"

根据这项"五年战略"，成都将成为沃尔沃中国首个制造工厂，成都新厂于2013年落成并投入生产，并达到每年10万辆的生产能力。与此同时，沃尔沃还宣布了在大庆建厂的计划。

沃尔沃的动作频繁，在建设制造工程的同时还计划着拓展经销商网络。2013—2015年，其经销商门店数量将从106家增加到202家。上海作为沃尔沃的中国总部，工作重点将是对高档轿车、电动车和新能源汽车进行设计、研究和开发；在成都的沃尔沃汽车西部基地将以覆盖中国西部市场为主，参与和支持中国西部大开发；在大庆的沃尔沃汽车北部基地将以覆盖中国北部市场为主，目的是参与和支持中国东北老工业基地振兴。

一名业内人士分析："成都和大庆两地的政府给予吉利沃尔沃项目的支持是最重要的原因，沃尔沃中国战略已经将目光转移到了更有消费潜力的新兴市场，并且有着明显的出口导向。"从成都工厂来看，沃尔沃产能不止覆盖中国西南地区，还可以进一步开拓以东盟国家为主的出口市场；同理，位于大庆的基地则可以对俄罗斯等亚洲东部国家和地区进行输出，如有可能，也能够直接面对韩国、蒙古甚至日本等东北亚国家。

▷▷▷工厂落地

2007年12月22日，沃尔沃首个中国基地——吉利成都基地正式破土动工建设。此后，在吉利成都基地建设期间，吉利控股集团董事长李书福数次来到工地现场，这为今后沃尔沃落户成都埋下了伏笔。

而就在吉利成都基地开建之时，成都获得了吉利将收购沃尔沃的消息。彼时，吉利收购沃尔沃的计划刚启动，围绕着引进吉利沃尔沃项目，从南到北、从内陆到沿海，吉利考虑了好几个地方。各地也悄然掀起了"暗战"。各个城市纷纷给予吉利极为优惠的政策，包括优惠地价、输入巨资、动用人脉等。

机会出现在吉利SUV首款车下线当天。这天，是2009年10月29日。

当晚，吉利成都基地为首款SUV下线举行了小范围庆功宴。席间，李书福突然接到一个电话，地球的另一端，沃尔沃收购团队第一时间给他带来了好消息：吉利成为收购沃尔沃的首选并购方。

李书福当场就向所有人通报了喜讯。成都市相关领导当场向李书福发出落户邀请。人逢喜事精神爽，沉浸在喜悦中的李书福毫不犹豫地就做出回应："如果收购成功，吉利沃尔沃首选成都！"两个多月后，双方签订了正式协议。

沃尔沃汽车集团中国区董事长沈晖曾评价："成都拥有良好的投资环境和巨大的市场辐射力，而大众等其他汽车厂商在成都的投资更增加了沃尔沃入蓉的信心。"

▷▷▷成都制造，走向全球

成都随即正式成立了沃尔沃项目领导小组，领导小组夜以继日地完成了调研报告。报告认为，吉利收购沃尔沃真实、可信，建议支持吉利并购沃尔沃并在成都建设基地。同时，成都市政府最终决定，将吉利沃尔沃落户成都作为正式方案开始和对方谈判。

而此时，落地工作却出现了波折，即成都能否为吉利提供更多的资金支持。此前，吉利在国内的8个制造基地分属多个地方，多是以项目换资金的方式滚动发展起来。此番收购沃尔沃的资金需求庞大，其中有相当部分需要地方政府解囊。按照吉利多年的运作模式，即通过设立制造基地，同时获得地方在税收、土地、资金等方面的一揽子支持。

但成都做不到这一点。成都市有关部门的领导在向李书福表示"成都将全力支持沃尔沃成都项目"的同时，也坦言"成都这几年虽然发展很快，但是没有那么宽裕"。

谈判在极为保密的情况下展开，设想了多种方案。

最后，方案敲定：由成都工业投资集团出面，为沃尔沃做担保，由银行向吉利提供30亿元低息贷款，用于收购沃尔沃的项目公司。

据当时的成都市经济开发区副主任介绍，吉利成都基地的投资额达54亿元，项目包括一个整车厂、一个发动机厂和一个变速器厂，以及与业务发展相匹配的沃尔沃（西部）研究中心、沃尔沃中国西部零部件采购中心和沃尔沃西部销售中心，该基地将引进沃尔沃全球最高水平的生产和质量控制体系。

在此之前，成功收购沃尔沃的吉利已在成都累计投资了 47 亿元，建设了吉利高原生产基地、吉利总部及研发基地、吉利超市综合体。吉利首款 SUV“全球鹰”在 2009 年 10 月 28 日生产下线。

2017 年沃尔沃在全球的销量比 2016 年增长了 7%，达到571 577 辆；在中国区的销量同比增长了 25.8%，达到 114 410 辆。沃尔沃超越雷克萨斯，成为中国豪华汽车品牌第二梯队的第二名。作为在华销售的主力车型产地，沃尔沃成都工厂的重要性不言而喻。

2017 年 10 月，沃尔沃旗下的高性能品牌“Polestar”高性能电动车项目开工仪式在成都天府新区新兴产业园举行。吉利控股集团常务副总裁兼沃尔沃全球董事李东辉在致辞中表示：“即将开工的 Polestar 高性能电动车项目是 Polestar 全球的生产制造中心，将以智能制造为基础，引进国际一流的制造工艺和生产设备，打造现代化、数字化、智能化的先进工厂，生产基于欧洲先进技术的高性能电动车，并出口到全球市场。该工厂也将是中国最环保的汽车工厂之一，其目标是获得全球著名的绿色建筑评估体系 LEED 金级认证。”2019 年 8 月 27 日这一天，Polestar1 已在成都生产基地正式投入量产。

Polestar1 在成都建设生产制造中心投产，说明了成都汽车制造产业以及配套设施已经具备生产基于欧洲先进技术的高性能整车的能力，完成了从“成都制造—面向全国”到“成都制造—面向全球”的转变。

▷▷▷“百千万” 产业规划

“被吉利收购之后我们面临着非常难得的机会，中国今天已经具有世界上规模最大的汽车市场，中国也将成为沃尔沃未来成功的关键。我们为自己制定了非常高的目标。”时任沃尔沃全球总裁兼首席执行官的雅各布骄傲地表示。

据雅各布透露，沃尔沃进行的一些重大投资将致力于绿色技术的研发，并希望积极布局中国。如今，沃尔沃到了吉利旗下，李书福这位有着极高商业天赋的汽车“狂人”，立志要把沃尔沃重新推向高档车制造商的主流阵营。

在汽车企业快速发展的同时，成都也搭上了中国汽车产业高速发展的快车。成都已经形成了以经开区为载体的汽车产业化发展集群，整车年生产能力达70万辆，产品涵盖轿车、越野车、客车、载货车等类别，发动机、变速箱、底盘、车身等配套零部件也非常完善。

有着“成都国际汽车城”之称的龙泉驿区将实施“百千万”产业规划，即到2020年，形成“百亿企业集群”“千亿产业支柱”和“万亿产业基地”。届时，龙泉驿区将培育出一汽-大众、一汽-丰田、沃尔沃、吉利汽车、神钢集团等一批百亿企业，形成汽车整车、工程机械、汽车零部件、汽车贸易四大千亿产业支柱。汽车主导产业销售收入突破9 000亿元，基本形成万亿元产业基地。

2016—2020年，在进一步做大做强整车制造规模的同时，成都大力发展新能源汽车、汽车电子和汽车服务业，规划整车产量达到125万辆，汽车产业销售收入达到9 000亿元。

2021年后，成都将再用10~20年时间，发展成为中国重要的轿车产业基地、新能源汽车产业基地、汽车电子产业基地、汽车服务业基地，进入国际汽车产业集群高端行列，最终建成中国一流、世界知名的成都国际汽车城。

聚焦新能源，打造西部“汽车之都”

2019年9月，成都车展推高了暮夏的热度。130多个汽车参展品牌和1 600余辆展车，吸引了超过75万人次参会，创历史新高。

但是相对于当时的中国汽车市场而言，这个夏天却略显“清凉”。销售下行，少有厂商能够幸免。2019年1~7月，我国乘用车市场一共销售了1 143.9万辆，同比下滑8.8%①。不同于“一年之计”的北京和上海车展，也有别于“总结发言式”的广州车展，每年成都车展的举办时间恰逢国内汽车销售旺季。车企们都寄希望于这最后四个月，在成都车展上吹响最后一役的号角。

▷▷▷拐点已至

厂商们“用心良苦”，也在情理之中。拥有8 300多万人口的四川省，可辐射的人口数量多达3亿。四川也是西部地区最大的商品市场、生产要素市场和物流中心，其市场潜力十分巨大。根据原四川省投资促进局提供的数据，截至2016年，四川省汽车保有量已经突破650万辆，居西部第一位，其中成都市的汽车保有量多达424万辆，

① 数据来源于乘用车市场信息联席会。

仅次于北京。随着西部经济的强势崛起，这一数据还将持续增加。面对这一拥有巨大潜力的市场，汽车经销商怎能无动于衷?

近年的销售数据，映衬着成都汽车产业背后的庞大链条。在10余年前，成都的汽车产业还是一穷二白。但在2013年，成都实现了整车（整机）产量73.2万辆，增长95.1%。这一发展速度让当时的一汽客车（成都）公司的管理人员十分惊讶：成都只用了3年时间就让汽车整车产量达到了70万辆，而达到这一数字天津用了10年，长春用了50年。2014年4月15日，一汽-大众西南基地累计生产总产量达到了100万辆。一汽-大众的该基地从奠基到实现100万辆的产量仅仅用了5年时间，而一汽-大众的第一个100万辆却用了12年。

除了量之外，当下汽车产业发展的重点更在于品质。传统汽车产业已经走到了转型升级的十字路口，受新一轮科技革命（特别是新能源和无人驾驶）的影响，中国汽车产业的爆发也与深刻的产业变革交织在一起。

2017年，全国新能源汽车产量达79.4万辆。这一年，成都市在支持新能源汽车产业方面出台了多项举措，比如，《成都市新能源汽车三年推广应用实施方案（2017—2019年）》《成都市新能源汽车充电基础设施三年建设实施方案（2017—2019年）》《成都市支持新能源汽车推广应用的若干政策》等。在政策倾斜下，成都市2017年新能源汽车实现产量8 000余辆，实现产值67亿元。

2018—2019年，我国新能源汽车产销均保持在120万辆以上。成都市致力于将新能源汽车产业作为一大支柱产业，预计2020年新能源汽车产量将达到10万台，主营业务收入将达到1 000亿元以上。

根据《成都经济技术开发区300万辆汽车产能规划》，2022年，整车产能将突破300万辆，整车产量突破200万辆，初步建成全国乘用车制造业新基地，跻身全国汽车产业集群格局一级体系，加快建设西部领先、全国一流、世界知名的新型汽车城。

▷▷▷新能源汽车变革

这场变革首先来自汽车产业内部。

在10年前，没有一家中国汽车企业有胆量喊出“超越大众、丰田”的口号。但是在今天，这一口号有可能变为现实。燃油车的衰落为此创造了机遇。作为汽车核心技术之一的内燃机已经沿用100余年，但是随着全球能源紧张、环境污染和驾驶安全等的挑战日益加大，这一技术正逐渐被人们抛弃。人类亟须研发出比燃油车更加清洁且性能优良的交通工具。新能源汽车成了未来的发展方向。

实际上，早在1881年，法国人就发明了第一辆可充电的电动汽车。这是一款三轮车，使用了两个西门子马达，车重是160千克，时速为每小时12千米。1882年，英国的威廉·艾尔顿（William Ayrton）发明了性能更优的由铅酸电池驱动的电动汽车，据记载大概是装了1.5度电的电池，最远可有40千米的续航里程。但是后来电动汽车在与内燃机汽车的竞争中败下阵来，卡尔·本茨于1885年发明的燃油汽车成为日后百余年间汽车的鼻祖。而近10年，随着电池（特别是锂电池）、电机等技术的迅猛发展，以及充电桩等基础设施的兴建，新能源汽车开始走进寻常百姓家。不论是以特斯拉、蔚来汽车、小鹏汽车等为代表的造车新势力，还是宝马、保时捷、一汽、比亚迪等传统车企，都纷纷开始转型新能源。

就像在移动互联网领域，中国实现了变道超车一样。如今国内的车企和国外巨头处于同一起跑线上，实现超越指日可待。截至2017年年底，我国新能源汽车累计销量达到180万辆，占全球累计销量的50%。新能源科技公司宁德时代已经成为全球最大的动力电池供应商，比亚迪更是把新能源巴士卖到了世界各地。

如果我们仔细分析一下这一波产业浪潮就会发现，全球汽车产业正朝着电动化、智能化、网联化和共享化方向发展。这四个特点并非相互孤立，而是环环相扣的，共同构成了完整的逻辑链条。

汽车电动化让智能化的无人驾驶和车联网更容易实现，这一点对出行领域的运营商吸引力巨大。若能实现汽车的智能化，则必定可以提升网约车的运营效率，同时在保证乘客安全的情况下，通过收集海量的乘客出行数据，实现城市智慧交通的建设。

试想一下，汽车将不再是只销售硬件的“一锤子”买卖，其商业模式将变为“产品+服务+解决方案”。智能手机的诞生，不仅改变了人们的通信方式，而且改变了人们的生活方式，直接形成了万亿级硬件和软件市场，苹果、华为、小米等一系列世界级公司相继成立。而新能源汽车将在未来成为人们连接世界的另一大端口，其产业链和价值链远比手机复杂、庞大。我们可以畅想一下未来的出行场景，乘客在 App 上预订出行，一辆汽车自动驶来，把乘客送达指定地点后，它又自动去接下一位乘客。整个城市的交通网通过大数据和车联网进行自动规划，除了可实现零排放之外，交通拥堵也将成为过去式。

正因为如此，新能源汽车取代内燃车只是时间问题。世界各国甚至制定了停售燃油车的时间表。挪威、荷兰的计划是在 2025 年，德国、印度拟议的停售节点为 2030 年，英国、法国均为 2040 年。2017 年 9 月，中国工信部也开始启动制定停止生产和销售传统能源汽车的时间表。

▷▷▷打造新能源汽车之都

这场汽车产业的变革之风也吹到了巴蜀之地。包容性极强的成都人对于新生事物有着非常大的热情，新能源汽车的出现引起了他们的关注。虽然成都尚未出现本土的新能源汽车品牌，但是成都对引进相关产业的重大项目却不遗余力。成都采取的思路是“引龙头、带配套、促转型”。所谓“引龙头”便是引进新能源、无人驾驶整车和关键核心零部件项目，通过这些核心项目带动供应链的上下游服务和制造商入驻成都。核心目标是形成完整的新能源汽车研发和制造生产链，建立全国最具核心竞争力的新能源汽车基地。

仅在2017年，成都及其周边县市就签约引进（新能源）整车重大项目9个，总投资720亿元；签约引进关键零部件配套项目4个，总投资350亿元。其中既包括一汽-大众、吉利、重庆汇洋、五龙昆仑等知名车企，也包括吉利大学、北京大学西部研究院等产业和科研园区。

2018年10月，国务院发展研究中心产业经济研究部、中国汽车工程学会和大众汽车集团（中国）联合发布了《2018年中国汽车产业发展报告》，报告以全球汽车产业电动化新浪潮为切入点，聚焦“后补贴时代”中国新能源汽车发展的新思路与新举措，并提出将推动新能源汽车产业的发展上升为国家战略。2019年上半年中国新能源乘用车市场份额过半，增速超过海外。中国新能源汽车产业已经建立一定的先发优势和规模优势。

作为国家内陆的“桥头堡”，“一带一路”和长江经济带战略的重要交汇点，成都将乘着这股东风，积极转型升级，成为西部名副其实的“汽车之都”。

截至2019年年底，成都市汽车保有量达519万辆，位居全国第二。成都市拥有新能源汽车企业60余户。

2020年3月，新能源汽车充电桩被纳入“新基建”七大领域。

在成都市新能源汽车产业布局方面，成都市将按照国家和四川省相关要求，按照产业发展潮流趋势深入推进汽车企业转型升级和高质量发展，继续加大力度建设充电站、加氢站等基础设施，持续推广新能源汽车，力争到2022年累计推广新能源汽车要达到20万辆，累计建成充电桩4.5万个。

第三章

医疗之光

2019年7月，成都市经济和信息化局正式印发《关于促进成都医药健康产业高质量发展的实施意见》，成都市人民政府办公厅正式印发《促进成都生物医药产业高质量发展若干政策》。这两个文件，从发展目标、重点和政策三个方面，全面勾勒了成都医药健康产业的“顶层设计”。

▷▷▷下一个十年的发展之旅

循迹西部崛起、成都提速的“黄金十年”，我们可以从很多维度去解读，例如经济全球化的提速、城市化进程的加快、内需市场的扩容……从不同的角度切入，会找到不同的答案。然而，最不容忽视的视角之一，便是新兴产业的发展。

汽车产业的兴起让底特律走向繁荣，煤矿产业的衰落则让德国鲁尔工业区陷入低谷。产业兴，城市兴；产业衰，城市衰。这条公理，在全球概莫能外。

13.7%、13.6%、11.2%，三个数字分别是“十一五”期间四川、西部的地区生产总值和GDP年平均增速，西部快于全国，四川快于西部。四川发展的增长点、动力源，其实是来自这个与省份共进的新兴产业。比如在成都高新区，以创新技术与高端制造业为主导的产业对工业增加值的贡献率已达80%。

梳理成都产业的发展脉络，我们可以看到一幅清晰的路线图。顺应产业发展的逻辑，无论是风生水起的成都IT产业，还是需要“卧薪尝胆”不断推进的生物医药产业，抑或是新材料、新能源产业，成都在做好当下之事，已经开始为未来10年、甚至更长时间埋伏笔。

概括地讲，本章所言的医疗产业，是支撑、引领成都下一个10年产业周期的高新技术与战略性新兴医疗产业。

从全球范围来看，随着全球技术变革不断加快，新一轮全球经济结构调整不断深化。世界主要发达国家纷纷把发展战略性新兴产业作为新的突破方向和增长引擎。德国提出了“工业4.0计划”，美国启动了“工业互联网计划”。而我国也提出了“中国制造2025”战略，将机器人、新能源汽车、生物医药等10大领域列为必争之地。

成都深知，城市的产业发展不能过度依赖资源密集型和劳动密集型的传统产业；要在世界范围内参与竞争，只能发挥高新产业的技术优势，利用好创新技术的人才资源。在21世纪初期，成都就在国内打响了“高科技成都”品牌，让这座城市具备了瞄准未来、进军高端产业的基础。在科技化、信息化高度发展的当下，成都不沿边、不靠海的区位劣势也在逐步弱化。抓住产业的未来，孕育产业的创新基因，成都下一个10年的创新发展之旅，已在路上。

▷▷▷生物材料产业的崛起

“中国的新未来”是2013年《财富》杂志在成都举行全球论坛的主题。这次论坛涉及中国国内经济的发展演变、中国西部地区的迅速增长，以及中国在全球视野中所扮演的新兴角色。

为“未来”破题，在成都发声。这样的巧合，在成都高新产业的相关数据中或许可瞧出端倪。

2010年，全球新能源、新材料、信息技术、生物、节能环保、新能源汽车六大战略性新兴产业的总产值超过4.4万亿美元，占全球生产总值的比例超过7.1%；之后几年，也维持着8%~10%的增长速度，远高于世界经济平均增长水平。

成都也顺势而为。在天府新区内，一个立足于“影响西部下一个10年”的投资项目——新川创新科技园在2012年5月8日正式开工建设。这个“打造中心新范例”的园区，其新川之“新”，是指瞄准信息技术、生物医药、环保、数字新媒体、金融、互联网等前瞻产业，提前布局产业形态，甚至依循产业诉求打造“产城一体”的新兴城市形态。

新川创新科技园只是成都新兴产业的一个缩影。2012年，成都市高新技术企业已达 1 094 家，位居中西部城市第一，高新技术产业产值达到 2 915.29 亿元，连续多年年均增幅超过 20%。同期，成都市专利申请量和授权量分别达到 37 466 件和 21 228 件，均位居全国副省级城市第四、中西部城市第一。

截至 2017 年年底，成都高新区仅生物医药类企业总数就已达 1 541家之多，生产规模上亿元的企业总数达 52 家，全年共引进生物医药重点项目61 个，总投资超过 620 亿元。2019 年，成都高新区生物产业规模进一步提升，其中，产业规模突破 500 亿元。在 2019 年中国生物医药园区综合竞争力排行榜上，成都高新技术产业开发区排名第六。天府国际生物城 36 万平方米孵化园交付使用，并吸引千名人才入园。

这些数据证明了这座城市具备瞄准未来产业的创新力与爆发力。在国内重点城市的科技竞争力排名上，成都位居第六，这也恰能佐证成都在高新产业的布局方面绝非仅是一句口号。

以生物材料产业为例，经过 10 余年的摸索，成都已然从原本默默无闻的城市，一跃成为世界级的生物产业聚集之城。2012 年 6 月 1 日，第九次世界生物材料大会在成都启幕。这个全球生物材料领域层次最高、规模最大的综合性盛会，被誉为世界生物材料领域的“奥运会”。而此次在成都举行，也是其首度选址中国。

申办之路，历时 8 年，可谓周折。2004 年 5 月 20 日，由中国生物材料学术领域的领军人物、时任中国生物材料委员会主席师昌绪院士，以及成都市领导率领的中国代表团，在悉尼第七次世界生物材料大会国际生物材料科学与工程学会联合会国际委员会会议上，经过激烈竞争，才成功拿下第九次世界生物材料大会的主办权，并通过了在中国成都举办的提议。

“申办这种世界级别的国际性学术会议，既有难度，也有竞争，但很值得。”在一次非正式的交流中，大会名誉主席、时任成都市市长葛红林表达了对成都产业的期许。“这次大会让国际生物材料界记住了成都。坦率地讲，就目前而言，在这个产业领域，它并不是全球最具竞争力的城市，但坚持申请这样的国际盛会，足见成都想要在这个领域取得突破的魄力和决心。”开幕当日，来蓉赴会的国际生物材料学会联合会主席尼古拉·佩帕斯最后致辞，“这是有史以来最成功、最精彩的一次世界生物材料大会。”

这场学术交流与思想碰撞的国际盛会，无疑是成都生物材料产业发展的助推器。假以时日，这个孕育着希望的新兴产业，将与崛起的电子信息产业一样，成为成都直面全球竞争的一面旗帜。

接下来，本书将通过一些企业故事，一窥成都生物医疗产业的前景。以点概面，用这些已经发生、正在发生的故事，来解析成都在战略性新兴产业上的思与行、谋与动。

锦江电子：上演“蛇吞象”跨国收购

美国加州卡迪马医疗器械公司（Cardima），总部位于美国硅谷，是一家曾在纳斯达克上市、拥有全球顶尖医疗器械的企业。Cardima手握能够代表世界先进水平和自主专利的产品，同时也是全球高端心血管介入耗材的先进制造商。

然而，2011年年底，一个震撼全球医疗器械界的事件在美国上演：Cardima被中国一家位于成都的企业成功收购，堪称“蛇吞象”！这家名不见经传的民营企业名为锦江电子，位于成都武侯工业园一隅，在市内高新科技企业排名中甚至难觅其名。该收购是迄今为止，我国医疗器械行业对国外专业技术含量最高、品种规格最多的企业的成功并购案例。

在外界看来，锦江电子借着这一仗可谓扬眉吐气，但背后却是道不尽的波折和苦楚。

故事始于2011年春节前夕。

“当时，我们从国外朋友那里得到一个信息，Cardima医疗器械公司在2010年年底申请了破产。”四川锦江电子科技有限公司总经理助理邓学英回忆道。当时，公司决策层对这个信息非常重视，那段时间，几乎每场董事会都在讨论收购的可行性和细节流程。

这么好的企业为什么突然要申请破产保护？为了弄清事情的来龙去脉，锦江电子总经理李楚雅在2月低调前往美国进行实地调研。在考察过程中，李楚雅了解到，Cardima 近年来倾力研发的一款产品，在美国食品药品监督管理局申请过程中遇到了诸如“人体数据收集不全”等问题，导致后续资金运转失控。由于决策失误，公司一度陷入“弹尽粮绝”的绝境。

此次调研之后，锦江电子高层一致决定要不惜一切代价拿下 Cardima，因为两家企业的技术互补性极强：锦江电子成立 20 多年以来似乎不声不响，实则是国内最早涉足心血管治疗设备的公司，生产心脏射频消融仪等高端医疗设备；而 Cardima 则为该类设备提供高品质的介入耗材。除此之外，收购 Cardima 也意味着锦江电子进一步完善自身产业链，在同行业竞争中也将如虎添翼。

严重心律失常是引发心脏性猝死的最主要原因，而射频消融手术是心律失常非药物治疗的重要手段之一。在医疗过程中，三维心脏电生理标测系统、射频消融导管和体表参考电极须配套使用。

作为心血管疾病非药物治疗的重要手段之一，电生理介入治疗在我国拥有可观的市场前景。虽然一台心血管介入设备能用很多年，但是耗材需求量很大，且呈逐年上升趋势。此外，耗材和设备配套销售模式正在成为一种趋势。以上种种原因，让锦江电子下了极大决心，筹集了所有资金，力争促成这次跨国收购项目。

▷▷▷收购风波

虽然距 Cardima 收购事件已时隔多年，但是李楚雅回忆起当时的场景依然颇为感慨：一家成都民企，不占据任何优势，在距离中国万里之外的异国他乡“背水一战”。锦江电子在这场“战役”中面临着激烈的竞争，与来自美国、俄罗斯等国家的业界领军企业共同角逐。“这场景足以拍成好莱坞大片。”李楚雅自嘲道，“当时，我们共有 3

个竞争对手，一家是 Cardima 二轮融资时的注资公司，其余两家分别来自其他两个国家。最大的压力是来自 Cardima 二轮融资时注资的公司，对方本土作战，而我们却时刻面临着未知的挑战。”

果不其然，并购案在还未上法庭之时，锦江电子就遇到了阻碍。

“法庭要求必须由在美国本土注册的银行出具可兑换的、不可撤销的信用证，当时我们没有。”对于锦江电子而言，没有太多准备就卷入这场群雄逐鹿的厮杀角逐，一时间有些水土不服。

经过多番交涉与努力，最终，中国交通银行纽约分行为锦江电子出具了信用证。然而，障碍远不止这一个。

2011 年 2 月 18 日，李楚雅清楚地记得这个时间。

当天，美国破产法庭加州奥克兰分院开庭。刚刚获得入场券的锦江电子，临门再遇难题：曾为 Cardima 二轮融资时注资的公司向法庭表示，他们可以在成交后 5 天内付款，但锦江电子并不能达到这样的条件。最终，经过几轮回购的协商，法庭同意，锦江电子可延期一月付款，但前提是必须额外支付 Cardima 公司一个月的运营经费。

中国有句古语：“好事多磨。”然而，对于当时只身在美国，人生地不熟的锦江电子而言，“多磨”之后，并不见得有好事。一道道意料之外的收购门槛接踵而至。这家科技企业虽然在创新之路上摸爬滚打，练就了扎实的技术，但是应对异国收购却并无经验。

经过多轮激烈的交锋，锦江电子最终中标。然而，正当大家看到曙光之时，一个消息差点打垮李楚雅：休庭期间，美方律师助理打来一个电话，在 Cardima10 余笔关联债务中，其中一笔高达 540 万美元。

此前，锦江电子曾仔细了解过 Cardima 公司的债务情况。“这个数字，距离我们的心理预期，可以说是相去甚远。”

“我从来没有过那么沉重的签字。”李楚雅回忆道。锦江电子的签字充满矛盾：签下去，此番收购的成本之巨将让锦江电子捉襟见肘；如果不签，根据美国法律，锦江电子极有可能因“藐视法庭罪”而吃官司。

所幸的是，在当晚经过全面审查，传来了更确切的消息："实际上这是 Cardima 与这家公司的合同总金额，而非关联债务金额。"时隔一年半，总经理助理邓学英说到此事，仍心有余悸。

▷▷▷引进，只是一个开始

锦江电子收购 Cardima 之后，按照预定计划对其进行了精细拆分，把生产部分搬回国内，而研发中心和销售公司则尽可能保留在美国。如此一来，锦江电子既可以降低生产成本，也有利于设备的配套整合，生产出更具市场竞争力的产品。

不久之后，Cardima 的生产线设备就已全部拆解并陆续运回成都。为了迎接这套设备，公司对厂房进行了改造。

作为一家以生产心脏射频消融仪等高科技医疗仪器为主的企业，锦江电子此番收购有助于延伸其生产链，生产与现有治疗设备相配套的高端介入耗材。虽然收购整个项目花费了巨额资金，比预算高出许多，但是公司董事们却一致认为，这些付出是值得的。

斥资近亿元，锦江电子完成了迄今为止，国内医疗器械行业对国外专业技术含量最高、品种规格最多的企业的收购。如此背水一战，究竟意欲何为？

"至少说，在全球先进高端心血管介入耗材制造领域，中国有底气拒绝国外的垄断，不再让外资或合资企业'独领风骚'。"李楚雅回应道，言辞间饱含着一种历经艰辛之后的坚定。此次收购还能使国内患者获得国外先进的技术和产品，也能大大降低其购买医疗器械的支出。

通过这次艰辛的收购，锦江电子不仅在电生理耗材等领域能与国际大公司抗衡，大幅降低广大患者的医疗费用，还获得了国际一流医疗器械精加工技术。锦江电子将拉动成都乃至中国的医疗器械制造产业蓬勃发展。

然而，对于锦江电子而言，跨国收购并不是终点。“引进只是一个开始。”李楚雅说道。

锦江电子目前拥有心脏三维标测系统、HL系列心脏射频消融仪以及VATION射频消融系统等产品。其中，自主研发的3Ding心脏三维标测系统于2013年获得了CFDA批准的产品注册证，是首款国产心脏三维标测系统，填补了国产心脏三维标测系统的空白。

▷▷▷产业突围

医疗器械产业因增长快、市场空间广阔和国际贸易活跃的特点成为医药行业中的核心产业。世界医疗器械产业总产值每年以平均15%的速度增长，国际贸易额年均增幅达25%，远高于各国经济增长的速度。我国作为全球医疗器械十大新兴市场之一，近年来，医疗器械产业工业总产值年均增幅保持在12%~17%的水平，利润总额年均增长率高达40%以上。

全球医疗器械产业一直持续着暗战。医疗器械产业是以高技术为基础的朝阳产业，产品附加值高，增长前景广阔，发展潜力巨大。由此，该产业成为世界各主要国家和地区竞相发展的重点新兴产业。

以治疗与康复、微创与无创为特征的医疗技术及相关产品将成为医疗器械重点研究的领域和方向。各种专用产品不断出现，向治疗便利化、精细化方向发展，而“锦江电子”的未来发展方向正好瞄准了这个目标。在2010年之前，我国医疗器械产业集中分布在长三角地区、珠三角地区和环渤海地区，这三地的国内市场占有率在85%以上，具有明显的集群优势。而位于中国内陆的成都，则以后起之势，实现了医疗器械产业领域的突围。

2015 年 3 月 11 日，四川锦江电子自主研发的多道生理记录系统和心脏射频消融仪获得了 CE 认证，这既是锦江电子在海内外市场崭露头角的重要里程碑，也是锦江电子朝着国际市场迈出的坚实一步。

目前，美国、欧盟和日本仍居电生理市场的前三，而亚太地区则成为增长速度最快的市场。目前，全球电生理市场的领导者是强生旗下的消融业务公司Biosense Webster，被雅培收购的圣犹达紧随其后，此外还有波士顿科学、巴德、美敦力等国际电生理巨头。

电生理治疗进入中国的时间只有短短 20 多年，行业产业链仍然处于起步阶段。然而经过一段时间的发展和积累，市场的年增长率达到 20%以上，堪称奇迹。在成都的地图上，医疗器械产业链的分布非常明晰：从成都高新区、双流区、武侯区，到青羊区、成华区、金牛区，产业方向主要集中在无菌医疗器械（医用高分子消耗材料）、设备类医疗器械、体外诊断试剂产业、生物医学材料产业四大领域，针对医疗器械发展的高端化，形成了辐射全国、具有核心竞争优势的医疗器械产业集群。

在国内电生理治疗行业，凭借着对电生理领域的专注，锦江电子不断学习和创新，始终坚持“以科技呵护生命”的公司理念。多道生理记录系统和心脏射频消融仪在国内上市 20 余年来，获得了业界的一致认可和好评。2017 年，锦江电子的国内用户已达 800 家，在国外市场也已经打开缺口，渐渐成长为西南地区的科技型企业。锦江电子以此为契机，把更多的产品推向国际市场，向世界展示着成都医疗设备企业的风采。

2018 年 1 月 16 日，四川锦江电子科技有限公司与深圳信立泰药业股份有限公司举行了投融资签约仪式暨“锦江电子生产大楼”奠基仪式。这标志着锦江电子迈向新的发展台阶。

奥泰医疗：专注核磁共振，抢占行业蓝海

2009年1月，成都奥泰医疗研发出中国第一个大孔径超导磁体系统。自该系统在2010年开始投产后，奥泰在一年多的时间里，就把自家产品装进了国内外近30家知名医院，如301医院、304医院、华西医院、四川省人民医院等。“成都制造”的高端医疗设备，远销美国、俄罗斯和中东地区。2010年，该公司实现了产值1亿元的目标。据业内报告预估，磁共振设备每年在国内市场上的装机总量为500~600台，这就意味着每年数百亿元的市场。

▷▷▷“成都制造” 崭露锋芒

2011年8月19日，医疗行业一年一度的盛会China—HOSPEC（中国国际医用仪器设备展暨技术交流会）如期在北京开幕。国内外的行业巨头悉数到场，纷纷拿出各自最新的产品招揽客户。

邹学明带着奥泰的拳头产品Centauri1.5T超导磁共振医学成像（MRI）系统出现在展会上。挂在墙上的几张成像底片吸引了两名来自山东某县级医院的医师的目光。他们走近仔细端详，底片右下角的一行小字显示，这是来自湖南一家三级甲等医院的影像资料，而影像中清晰地显示出病人脑部的病变。

两名医师环顾展位，寻找厂商的名字。他们没有看到诸如GE、西门子或飞利浦等熟悉的巨头品牌，取而代之的是一个陌生的标志“ALLTECH”（奥泰）。

“以前没听说过有国产的磁共振仪器啊？你们是个新的厂商吧？你们来自成都？”年纪稍大的一名医师向工作人员询问道。

“如果和欧美的几大巨头相比，我们的确是后来者。不过，我们的产品是中国第一个自主研发生产的大孔径超导磁体系统。”奥泰的工作人员介绍道。这其实是奥泰医疗第三次参展。2009年，奥泰就推出了Centauri1.5T的样机，2010年开始投产，到2011年，该产品已经装机近30台。

当两名医生听说奥泰的产品价格比国际知名品牌便宜30%后，对这个产品赞不绝口。

来自中国台湾医学影像领域的郑医师坦言：“在产品性能，包括成像的精确度和速度方面，奥泰的产品和国外成熟的品牌之间还有差距，大概相差10%。但完全能够满足临床诊断的需求，而两者的价格却相差30%~40%，因此奥泰的产品很有竞争力。”据了解，国内县级医院的年收入大约在2 000万元~1亿元，而一台国际品牌的1.5T磁共振系统，售价就高达千万元。30%的价差，意味着可以为医院节约数百万元的成本。

▷▷▷麻省理工博士回国创业

在邹学明看来，磁共振成像国产化带来的不仅仅是经济收益。

他说：“这是百年不遇的技术，科技就应为人类带来实际的好处，提高生命的质量。”

时至今日，邹学明依然清楚地记得他出国留学的日子——1983年

9月5日。坐上波音747，邹学明心中既兴奋又茫然。据他回忆，当时他满脑子想的只有一个问题：能不能把博士学位“扛”回来。

1986年，邹学明在美国取得硕士学位之后，敏锐地看到了这个行业的前景，便申请进入麻省理工的美国国家磁实验室，攻读博士学位。1990年，他成为该校第一位攻读核磁共振医学物理学的中国博士。

毕业之后，邹学明进入一家知名的磁共振设备公司，在美国克里夫兰开始了他的职业生涯。这座城市拥有多家美国顶尖的医疗机构，后来成为奥泰医疗的研发基地。

工作3年后，由邹学明带领的线圈业务部门被剥离，成立了一家独立的公司USA Instrument（美国仪器）。他个人从一名以技术见长的职业经理人，变成了一名既要钻研技术又要照顾市场的创业者。在美国工作期间，他共获得33项磁共振技术方面的欧美专利，并连续两年获得美国安永最佳企业家奖。

华人邹学明和他创办的美国仪器公司一时成为美国企业界的明星。在2002年年底，美国仪器被通用电气以4 000万美元的价格收购，邹学明随之进入通用电气，担任该公司负责医疗业务的副总裁。2003年年底，邹学明被派回中国工作，负责通用电气的磁共振业务。和20年前出国时的忐忑不安相比，此时归来的邹学明则是满怀信心。

20年来的专注和努力，换来的是深厚的资源积累和丰富的行业经验。邹学明立下一个愿望：把最尖端的磁共振整机设备引进中国。他希望设备从研发到生产，再到运营，都打上“中国制造”的标签，在退休前实现“国产梦”。

然而，邹学明回国后渐渐发现，在跨国公司的平台上，难以实现自己的愿望。

“原本我是打算在通用电气干到退休的，”邹学明说道，“但如果退休前无法实现‘国产梦’，那么我的资源和经验就浪费了，多可惜。”2004 年，邹学明毅然从通用电气辞职，经过了一年的“竞业解冻”，邹学明开始组建公司，再次创业。

奥泰医疗当时在国内选址成立公司，重点考察的是北京、上海等地。成都高新区的相关领导听闻后，组成了一支 7 人的团队专程奔赴北京，力邀奥泰前往成都创业。奥泰则组建了包含 11 名国际专家在内的评估团，制定了一整套评估体系，对多个考察地进行评分，最终成都位居第一。

“成都在激励政策、人文环境等方面都很有竞争力，高新区具备高效的工作机制。”邹学明表示。他还了解到，在成都附近的德阳、绵阳拥有生产航天工业部件的基础。在成都考察了 20 天之后，综合各种条件，奥泰团队在第 21 天做出决定：落户蓉城。

为了匹配最佳的人力资源，邹学明先后引进了 30 余名在国际磁共振科技及工业领域享有盛誉的技术专家和管理专家，形成了一支国际一流的创业团队。其中，光是该公司的首席技术官、来自荷兰的汉斯博士，就拥有包括在超导磁体、低温技术、加速器及医学磁共振系统等技术领域的 13 项美国专利。

2009 年 1 月，奥泰成功研发出国内第一个大孔径超导磁体系统；同年6 月17 日，海纳亚洲创投基金、启明创投共同投资奥泰医疗系统有限公司。据悉，该公司目前已获得来自建银国际、江苏高科技投资集团和成都高新创投等机构的投资，投资总额近 5 亿元。

奥泰公司在 2010 年实现产值 1 亿元，为国家节约外汇资金1 770 万美元，创造外汇收入 195 万美元，上缴利税 1 265 万元。

▷▷▷创新科技， 走出国门

奥泰再接再厉，于 2013 年切入宠物医疗市场，研制出了宠物专用的超导磁共振设备，成功占领了这一细分市场。

宠物专用并不是缩小体积那么简单。在研发过程中，奥泰研发团队攻克了鸟笼阵列线圈、无屏蔽房设计、V形专用脊柱线圈技术等一系列技术难题。其中V形的病床板设计、专门用于动物麻醉设备的屏蔽波导管、前后门带有内嵌屏蔽的动物观察窗口等工程设计方案体现了宠物磁共振设备的专用性特征，具有先进的技术水平。

这样的产品在国内市场虽然还不走俏，但是在发达国家的客户中十分受欢迎。

2013年，在奥泰研发出宠物专用超导磁共振设备的同时，1.5T医用超导磁共振成像系统在立陶宛实现装机。据装机现场的工作人员回忆，当奥泰1.5T超导磁共振整机从立陶宛仓库进场到医院时，不少当地群众被吸引前来围观。

除了欧洲外，奥泰在亚洲其他国家和地区也有所收获。

动物与人是不同的，但是大多数厂家都希望人类使用的磁共振设备也能为动物所用，兽医行业对同类产品的需求量很大。奥泰研制的宠物专用超导磁共振主要面向欧美、北美市场。截至2015年年底，该产品已经批量出口至英国等世界发达国家，主要用于名贵珍稀动物的影像检查和科研之用。

2015年，奥泰成功完成了在乌兹别克斯坦乌尔根奇的装机。乌尔根奇的供电十分不稳定，平均一天停电2~3次，这对超导磁共振设备而言无疑是可怕的灾难：液氦加速挥发、无法测试扫描等问题，影响的不仅是设备的寿命，更是医院的效益。

与以往不同的是，为了确保此次装机的顺利进行，以及客户未来使用的稳定度，此次发货除了超导磁共振设备，还连同发出了多重智能保护UPS不间断电源和为客户量身定制的高品质发电机，可根据现场供电情况全程自动切换，以规避断电带来的问题。此外，奥泰超导磁共振设备还具有72小时断电保护专利技术。如此多重保障为医院解决了后顾之忧。

走出国门的路还在继续。2016 年，71 厘米大孔径超导磁共振设备开机仪式在美国举行。该设备可多方位、大视野成像，全面满足不同类型的病人检测需求，包括欧美肥胖症人群（设备最大承重可达 250 千克）、幽闭恐惧症患者、孕妇、脊柱受伤者、佝偻病患者等特殊检查人群。该设备在仪式上受到了现场专家的一致好评。

奥泰打破了垄断，成了具有高科技创新和制造能力的企业之一。

2020 年 4 月，在成都新经济、新场景、新产品发布会上，奥泰发布了最新上市的超导磁共振产品。奥泰的相关负责人表示，奥泰正在积极开发更多可应用于超导磁共振的人工智能相关软件，争取在更好地提升临床使用体验的同时，也为企业增添新的增长点。

科伦药业：征战二十余载，夺取大输液市场高地

从成立之日起，连续16年，科伦集团一直都是全球规模最大的输液专业制造商和中国医药行业的领军型企业。

科伦集团董事长刘革新认为，科伦的发展轨迹，和成都民营经济壮大发展的路径是一致的。成都众多优秀企业上市融资，充分利用资本市场带来发展红利，进一步起到了驱动辐射作用，逐渐形成了良性循环。“相对于沿海雄厚的工业基础和优越的区位优势，无处不在的危机感和紧迫感或许是成都及大多数在成都成功的民营企业‘赢得这10年’的另一个重要原因。”

在谈到“成都如何赢得这10年”时，刘革新分享了一个他曾向科伦员工多次讲述的故事：一群相同的蜜蜂，由于际遇不同，一部分去了欧洲，一部分去了非洲。数年之后，他们的能力已迥然不同。在遭遇袭击的时候，非洲蜂只需要23秒就能快速做出反应，而欧洲蜂却需要43秒。面对敌人，欧洲蜂只能追击30米，最多搏斗3分钟，只求保命；而非洲蜂则能追击200米，苦战90分钟，定要置对手于死地。他总结说，恶劣的环境造就了善战的非洲蜂。

▷▷▷创造“五当” 奇迹

从知识分子科技立身的理想，到现代儒商产业报国的践行，刘革新笑言自己经过了四次“华丽的转身”。回望他年轻时的轨迹，总有一条脉络能与后来的科伦联系在一起，无论是在国企时对生产技术流程和质量管控体系的掌握，还是在合资企业时对先进管理经验的梳理，最终都在科伦开花结果。如今看来，颇有一脉相承的味道。

从 0 到 1 总是最艰难的。在科伦创立之初，刘革新面临的第一仗就是存亡之战。

1995 年年底，中国的医药产业投资领域终于向民间资本开放。看到这样的趋势，刘革新毅然辞去某中美合资制药企业总经理的高薪职务，来到新都一个破败的胶囊厂，创办了四川科伦大药厂。

“绝地求生，分秒必争！”刘革新决定效仿爱迪生早年改造电报传录机时的做法，实行“60 小时监禁工作制”。他立下破釜沉舟的誓言：在四川科伦大药厂正式通过验收发证以前，决不离厂回家。

在此后的 100 多天里，刘革新把自己“监禁”在工厂里，废寝忘食，与志同道合的创业伙伴一起夜以继日地工作。4 个月后，他成了一个蓬头垢面、满脸胡子的“老工人”。

一天，昔日的部下来看他，拉着他的手问道：“大爷，请问刘总在哪里？”耳边响起的却是一个熟悉的声音：“好好看看我是谁？”老部下望着刘革新形销骨立的样子，不禁失声痛哭。然而也就是在那一刻，许多人下定决心跟随科伦。后来，他们中的大多数成为科伦的中流砥柱。

自助者天助之，科伦成为四川省首家GMP[①]达标的输液企业，并创造了当年策划、当年投资、当年建设、当年生产、当年盈利的“五当”奇迹。

科伦波澜壮阔的创业故事便由此翻开。

▷▷▷强打硬仗，挺进第一方阵

2000年上半年，中国输液行业面临着空前绝后的变革。由于GMP的强制执行，国内一大批未达到GMP要求的输液生产企业和医院制剂室，将全部在规定的时限内停产关闭。一时间供应链骤然绷紧，市场出现巨大的需求，所有符合条件的企业加班加点进行生产，但仍无法完全满足市场需要。

彼时，国内输液生产企业不用做任何调研，就能够感受到市场的“饥渴”程度，但不少企业仍在办公室里循规蹈矩地搞论证、做方案。正当竞争对手们还在为一些细枝末节的问题争论不休时，科伦已经开始先发制人了。

2000年，科伦在投资数亿扩建新都基地的同时，在3个月内一口气兼并了省内外3家输液生产企业。为了提高效率，所有参与的工作人员都在汽车上作息。整个团队驱车1 600多千米，连续奋战10多个小时，不吃饭、不喝水，甚至不上厕所。在如此高强度的运转中，团队士气开始低落。

关键时刻，刘革新说了几句话，至今令许多伙伴记忆犹新：“第一，这是稍纵即逝的商机，我们只有在速度上快于对手才能赢得胜利；第二，在所有人当中我年岁最大、资格最老、职位最高，你们与

① GMP是一套适用于制药、食品等行业的强制性标准。中文含义是“生产质量管理规范”。

我享受同等待遇并没有什么不公平；第三，回家的路就在后面，吃不了这个苦的可以立刻返回！”说完，刘革新驱车飞驰而去。他从反光镜中看到，所有的车一辆辆跟了上来，没有一个人掉队。

电影中的情节，就这样在现实的大荧幕上演绎着。3 个月的产业扩张，科伦三发三中，年产 8 000 万瓶的产能跃升到 2 亿多瓶，昂首进入中国输液行业的第一方阵。

“所有的资源都不匹配。”刘革新坦言。上述“闪电行动”在高压运作下，也为科伦带来了前所未有的挑战：管理力量被稀释、资金链绷得很紧。

“对于那一年所有的并购行为，我都称之为先开枪、后瞄准。”刘革新回忆道。当时这么做不是没有风险，但机会更诱人。市场上全部是“现款现货”，工厂一旦注入资金就立马会有市场、有利润。“在这种情况下如果再开会去讨论可行性，就会错过机会。”非常时期只能采取非常对策：在资金上通过促销迅速回笼资金，为并购提供条件；而管理人员则被要求“强行起飞，空中加油”。

经过这一场硬仗，一支优秀的核心管理团队在科伦凝聚成型。当年这个团队的平均年龄只有 32 岁。

▷▷▷资本布局，做整合先锋

输液行业的内在发展逻辑是适度集中。顺应国家产业发展趋势，科伦以灵敏的商业嗅觉和果断的行动魄力，成为积极的行业整合者。

1997 年，科伦开始兼并整合。仅在 2003—2009 年，科伦就并购了 13 家输液企业。通过并购，全国生产基地和营销网络相辅相成，有效地降低了各项成本，科伦后续新产品也正是通过这个网络源源上市、水到渠成。并购时，在 13 家企业中，年盈利在 100 万元以上的只有2家，其他都处于亏损或微利状况。到2009年年底，这13家公司的销售收入已达14.62亿元，占科伦总收入的45%；净利润达1.62亿元，占公司总利润的37.26%。

并购的机会始终存在。2000年国家强制推行GMP，创造了一次行业整合的历史性机遇。在2003年“非典”以后，密闭式输液的市场需求旺盛，为行业升级提供了空前的动力。2010年，在基本药物连续降价的情况下，“只要通过GMP就能赚钱”的行业神话已然破灭。新版GMP的推行加剧了输液行业的新一轮整合。

“胜兵先胜而后求战，败兵先战而后求胜。”熟读《孙子兵法》的刘革新，也把这句兵家之道用到了企业并购上。科伦的并购成功在于其选择了肯定会胜利的因素。“我们只是量力而行，提前筛除了根本做不到的事情。”刘革新说道。企业在面临取舍时，需要有很强的自控能力，更需要冷静对待自己，宁愿把自己的实力看得低一点。如此，方能取舍有道。

刘革新认为，实现本地化管理是企业成功扩张的基础。“很多创始人都选择了和科伦一起成长。”比如昆明南疆制药厂，以及科伦上市后收购的浙江国镜。

2012年6月2日，科伦在新疆投资建设的伊犁川宁生物技术有限公司的万吨抗生素中间体项目试车成功，首批硫氰酸红霉素产品正式下线。站在川宁公司的车间里，刘革新看着国内外最先进的生产设备在当前最严格的环保治理标准下有序地运转，感慨良多。他回忆起1999年四川科伦大药厂扩建选址时的情形，一切仍历历在目。

当时有人不赞成把新厂定在成都新都卫星城工业开发区，理由是这里的大公司太多了：可口可乐、统一、豪特……对那时的科伦来说，这些全是“巨无霸”。

当看到邻居们的库房比科伦的生产车间还大时，大家难免感到不自信。刘革新却对他们说：“倘若大家感到羞愧，就更有必要把车间建在这里，建在无敌品牌可口可乐公司旁边，好好学习。每天上班经过这里，我们要自问‘有多大差距’，下班经过这里，再次自问‘还有多大差距’。”

“还有多大差距？”科伦人整整拷问了自己两年，一直问到科伦在新都利税水平排名第一时，所有的人才理解了刘革新当时的用意。

▷▷▷树立行业标杆

前瞻性的布局、灵敏的商业嗅觉和果断的行动魄力，使科伦成为行业的领军者。如今，在高端制造和新型药品包装材料两个国家重点扶持的领域中，科伦已具备领先的研发优势和持续的盈利能力。企业以33亿瓶（袋）的年产销规模，设置了难以逾越的行业壁垒，成为与跨国公司进行市场对话的主导力量。

在生产方面，科伦在全国14个省份已设立了32家子（分）公司，这些企业全部成为当地的骨干企业和纳税大户。合理的产业布局有效地消除了运输半径对输液生产企业物流的刚性制约。与此同时，通过生产效率的持续提升、生产设备的改进、生产工艺流程的优化和生产技术的积累，科伦产品已经具备明显的成本效益优势，毛利率始终处于同行业的较高水平。

在销售方面，科伦遍布全国的57个销售片区向5 800余家各级经销商销售产品。科伦的销售网络有效覆盖了包括四个直辖市在内的全国所有省区，间接管理4 000多名销售人员。企业与2 150家二级以上医院长期保持稳定的业务关系，并与各级经销商共同维护25 000家二级以下的医疗终端机构。完善的营销网络确保了产品的营销效率，并为持续扩大产品市场的覆盖率和提升企业的品牌知名度和美誉度奠定了坚实的基础。

科伦集团下属企业——四川科伦医药贸易有限公司，成为四川省规模最大的医药流通企业。该公司2011年营业收入突破100亿元。

2011年年初，科伦药业投入40亿元，建设伊犁川宁生物技术有限公司万吨抗生素中间体项目。科伦药业在输液行业取得领先优势之后，又向医药生物发酵领域迈出了坚实的步伐。同年，科伦集团实现营业收入153亿元。

2012年，在中国民营企业500强排名中，科伦药业位列第175名。2016年，企业上升至第115名。

2014年，四川省科技厅在成都组织召开了科伦药业“奥硝唑氯化钠注射液制造关键技术研究与产业化”的科技成果鉴定会。

2017年，四川科伦医药贸易有限公司被中国医药商业协会评定为“2017年度中国药品流通行业批发企业主营业务收入排序前20位”，这是科伦自2008年以来连续10年获此殊荣。同年，在中国上市公司市值500强中，科伦位列第456位。

2018年，科伦集团已拥有四川科伦、科伦药物研究院（分别位于成都、苏州、天津、美国）、哈萨克斯坦科伦等海内外共100余家子、分公司，年销售收入超过400亿元，位居中国民营制造业500强中第90位，综合实力进入中国医药工业前3名。

2020年，“新冠”疫情期间，科伦药业全力保障医疗物资供应，累计捐资超4 000万元。

新基因格：挖掘人类基因密码

人类拥有2万到3万条基因，生老病死的密码就蕴藏在其中。基因测序技术好似解码器，可解开一个个生命谜团。除了常见的亲子鉴定，20年后你可能会得什么病，为什么用某种药会过敏，甚至一张400年前背面粘了唾沫的邮票究竟属于谁，都可以通过基因测序找到答案。

“如果说创业成功也有基因的话，密码就在于‘在一厘米的宽度中，挖出一千米的深度’。”新基因格公司创始人亓宇说道。从基础研究到亲子鉴定，再到健康管理，他和他的团队正在沿着这条道路走下去。

“没有一定的实力，怎么能做亲子鉴定、基因测序的业务呢？”新基因格的创始人兼总经理亓宇说道。新基因格是西南地区第一家拥有司法鉴定资质的民间基因测序机构，但他们的目标却不止这些。

▷▷▷夹缝中找市场

“刚接到公安局通知，出了车祸，有死伤，让我去一下。”小余向老板亓宇打了个招呼，就匆匆走出办公室。作为新基因格生物科技的一名客服人员，小余的工作是协助相关部门对意外事故中的尸体进行身份识别。

在新基因格，像小余这样的客服人员还有四五位——都是清一色的年轻、温柔的女生。

亓宇道出了选拔客服的奥秘：客服人员经常接触的人，要么是事故伤亡者的亲属，要么是心情紧张前来做亲子鉴定的顾客。客服人员亲和、淡定的笑容，往往能缓解客户的情绪、增加信任感。

细节之处见成败。“民营企业做DNA身份识别的，我们大概是西南第一家，服务不好怎么生存？”亓宇说道。据他介绍，目前在成都只有三家机构能做DNA身份识别，一是某大型医院，二是某高校法医系，再有就是新基因格。

一家创业公司如何在权威机构的缝隙中找到自己的市场位置？甚至成为权威机构的合作伙伴？

故事源于“5·12”汶川大地震。

2008年5月，亓宇刚刚为公司找了个新办公地点，正准备装修。在汶川大地震发生之后，亓宇和他的团队陷入了茫然：公司成立了一年多，前期的投入和时间全部用于研发，现在技术、设备刚刚齐备，正准备大展拳脚，突如其来的天灾却让公司前途未卜。

然而，他们很快就想到，手中的技术可以在灾难中发挥作用，企业可以通过DNA检测鉴定，帮助遇难者家属“寻亲”。目前大家面临的问题是：从哪儿开始？怎么开始？是否需要取得相关部门的许可？

情急之下，亓宇带领团队找到了成都市第三人民医院。

“我们是来帮忙的。”亓宇向工作人员说明来意。很快，他们被派到一家殡仪馆，协助工作人员进行遗体辨认。没想到，这次协助一直持续到2008年年底。新基因格协助完成了成都市区所有寻亲的遇难者家属样本的检测工作，其中包括35例高难度的DNA比对案例。

这次自告奋勇争取到的合作机会，使新基因格渐渐被相关部门所认识。在市场方面，企业通过开展DNA寻亲的公益项目，渐渐有了知名度。

▷▷▷海归博士跨行创业

“归去来兮，吾归何处？万里家在岷峨……北美洲的锦梁园留不住我们，创业还选择家乡的这片热土。”在新基因格公司的墙上，贴着这样一首“归去来兮辞”。寥寥数言，不仅包含了亓宇的人生轨迹，还流露出创业者的意气风发。亓宇看着自己回国之初写下的“创业宣言”，感慨良多。

1997年，亓宇从北京大学电子工程专业毕业，1998年拿到奖学金赴美攻读博士。妻子万华靖一路陪伴，也在美国拿到了博士学位，并获得了一份年薪20多万美元的工作。在美国的那些年，两个可爱的儿子相继降生。

毕业前后的那段时间，是亓宇最痛苦的日子。在美国求学的8年，他深深体会到，在这个庞大的模块化的体系里，每个个体只是一颗颗螺丝钉。但回国创业，则意味着要放弃夫妇俩在美国打拼了近十年换来的安定生活。

纠结多时，亓宇最终还是决定遵从自己最真实的内心，回国创业。让亓宇高兴的是，妻子也支持他的决定。

创业选择已定，但要从什么领域入手呢？妻子万华靖攻读的是分子生物医学，在她的影响下，亓宇对生物医药领域也逐渐产生了兴趣。不过，促使他决定进入该领域的是另一位朋友。2004年在辛辛那提，亓宇认识了一位华裔李姓博士，这位博士开了一家名为DDC的公司，专门从事亲子鉴定的独立实验业务。这家公司从小发展到大，后来被华尔街某财团看中，以数亿美元进行了收购。

“这就是‘在一厘米的宽度中，挖出一千米的深度’。”李博士的故事对亓宇触动很大。2006年，亓宇利用回国探亲的机会进行了实地考察。他当时发现，虽然国内的司法机构和一些高校具备做基因测序的条件，但是服务民间的机构却寥寥无几，而且检测费用偏高、顾客等待时间较长。而在美国，75%的DNA测序都是由独立实验室完成的。

“生物医药项目往往需要投入巨资，而且回报周期长，但做DNA测序项目，对资金和技术的要求都相对简单。先以此为切入点，在市场上站稳脚跟后再说。”亓宇的想法得到了妻子的支持。

2006年，亓宇带着两个孩子回到成都。万华靖则留在美国继续进行研究工作，3年后也回到家乡。

亓宇的归国，在家里引发了一场“地震”。亓母呵斥儿子“不正经工作，学别人做什么生意”，甚至半开玩笑地威胁，如果非要创业，就要和他断绝关系。然而，当亓宇真正开始“动”起来的时候，父母还是拿出了大半生的积蓄，交到儿子手中。

2006年年底，亓宇卖掉了家里的一套房子，投入了全部家当300万元，加上来自朋友的天使投资，凑足了一千万元启动资金。在注册成立了公司后，亓宇便开始引入设备、招兵买马。

当时，沿海地区聚集了不少生物医药领域的知名公司，深圳的一家公司就曾向亓宇发出过邀请。这时，有朋友推荐亓宇去找成都高新区技术创新服务中心，或许能获得一些支持和建议。当亓宇得知该中心的主任李岗是美国马里兰大学的生物学博士后，他更坚定了留在成都创业的信心。在他看来，马里兰大学在生命科学方面代表了国际顶尖水平，“至少可以保证我们是在同一个‘语系’里”，亓宇笑言道。

2010年，创业4年后，亓宇的公司收入达600万元，实现了盈亏平衡。2011年，该公司收入增至千万元，亓宇当初对市场的猜测正在逐步应验。

▷▷▷捍卫生命尊严

在新基因格创始人办公室的书架上，放着一本余华的《活着》，这是亓宇最喜欢的长篇小说之一。他说读这本书，可以清晰了解那个时代人民最普遍的生活态度。然而随着时代的发展、社会的进步，我们对“活着”的态度也在不断发生改变。现代人已经不能满足于单纯地“活着”了。

人不是机器，各项身体机能会随着时间慢慢老化。对一定年纪的老人来说，他们最怕的就是病痛的折磨。

如何让人类有尊严地活着，既是新基因格未来面临的最大挑战，也是研发团队的奋斗方向。“未来，我们人类对‘活着’的态度，不会再是像富贵（小说《活着》主人公）那样活着就行了。我们追求的是，让人有质量、有尊严地活着。”亓宇说道。他表示，尊严的最低标准就是自己能把自己料理好，即吃饭不用喂，上厕所不用扶；而生活质量的最低标准就是能走、能跳、能看、能学习、能思考。

朝着这个目标，新基因格正在全力研发基因测序技术。基因测序的范围很广，主要包括无创产前基因检测、辅助生殖、单基因病、新生儿筛查、肿瘤个体化治疗、遗传性肿瘤筛查、心血管病筛查、血液病筛查等项目，特别是针对癌症、肿瘤的筛查。根据统计，在我国每3个人中，就有一个死于癌症。未来几十年，我国又刚好处于老龄化的高峰期。这种可以提前10年、20年预测出癌症并提前规避风险的基因测序技术，未来将有着广阔的前景。

随着检测成本持续下降，基因检测的中国市场将越来越大，或达到千亿级别。而凭借着成都生物材料基地的优势，新基因格专注于研发核心技术，专注于人类切身利益，未来必定大有可为。

蓝光英诺：掀起医疗健康革命

2015年10月24日，国际著名投资人、量子基金创始人吉姆·罗杰斯飞赴成都。他此次前来是为了见证医疗健康领域的重大突破——全球首台3D生物血管打印机成功问世。

众所周知，人体自身带有干细胞，这是一种具备自我复制能力的多潜能细胞。但是随着年龄增长，人体的干细胞会逐渐失去活力，人体器官也会随之逐渐停止运转。如何补充干细胞，维持人体器官的正常运转，成为学界尚未攻破的难题。而采用3D生物打印技术实现技术突破，在理论上成为一种可能。

这一次，最先让设想成为现实的，是成都。

▷▷▷全球首台3D生物血管打印机问世

蓝光英诺，一家位于成都的生物科技公司，将原计划为3年的研发周期缩短了一半，提前实现了技术上的重大突破，完成了3D生物血管打印机的研制。

这款3D生物血管打印机仅用两分钟，便能打印出10厘米长的血管，甚至包括血管独有的中空结构、多层不同种类细胞。在发布会上，生物血管打印机的特性也被一一展示：全球首个3D生物空间旋转平台、可视化互动打印操作系统、双喷头打印技术、喷头及环境控制系统以及血管打印流程。

为此，罗杰斯专门赶赴成都参观、调研，在目睹这一成果后，十分震惊。当首席科学家康裕建介绍到3D血管打印、3D生物打印机研发、微环境理论、干细胞培养、生物砖技术等环节时，罗杰斯不时打断，反复询问。最后他评价这款“成都制造”的“打印机”，“对组织工程、再生医学和医疗科研都将产生革命性的影响”。

发布会上展览的数个小时，背后是科研团队10余年的艰苦研究。这一世界领先的技术，是一个从2007年就开始的故事。

▷▷▷企业家和科学家联手创业

2007年，在美国从事再生医学研究的康裕建教授发现，被公认为不可治的心衰是可以治疗的。这一发现是康裕建教授在小鼠身上试验得出的结果，但离得出人类病例结果还有相当大的距离。为了能够尽早实现在人类身体上的临床应用，康裕建要选用更接近人类的猴子做动物模型。而放眼全世界，中国四川是恒河猴资源最丰富的地区之一。同时，在成都还有华西医院等顶级医学研究中心作为支撑。要想进行再生医学的继续研究，这里无疑是最佳选择。

2009年，康裕建回到国内，开始进一步研究再生医学。

就在康裕建教授埋首科研的时候，另一位重要人物，蓝光发展的董事长杨铿正在全国寻找医疗健康行业的投资标的。作为川内房地产行业巨头，杨铿明白，随着人口老龄化社会的提前到来，医疗健康是下一个具有战略意义的经济增长点。

一次机缘巧合，杨铿结识了康裕建，两人进行了深度交流。杨铿对康裕建十余年专注于研究再生医学和干细胞领域的经历非常佩服。

曾经在国企科研岗位工作多年的杨铿，对技术有着天然的敏感性，特别是在听到3D生物打印的颠覆性创新和广阔的世界前景之后，他十分动心。

为此，他专门买了几本关于3D打印的书籍来“恶补”专业知识，甚至远赴剑桥大学、牛津大学等世界名校，以及国际顶级医学研究机构进行考察和学习。他发现，即使在国际范围内，3D打印技术依然处于起步阶段。3D生物打印技术，未来将为医疗健康领域带来广阔前景。他意识到摆在自己面前的是能够实现多年理想的绝佳机会。

康裕建在研究中发现，要想研发器官再造技术，需要两个关键性工具：一是云计算大数据平台，二是3D生物打印机。这显然已经不是再生医学和干细胞研究领域的事情了，这需要跨学科合作，更需要借助资本和市场的力量。

一位科学家，一位企业家，在共同理想的牵引下，一拍即合。2014年9月，蓝光英诺正式成立，蓝光集团先期投资5 000万元，7个月后又追加投资1.65亿元。

为了充分发挥科学家和企业家的双重优势，蓝光英诺开创了“技术+资本”“科学家+企业家”的“双+”合作模式。通过赋予科学家股权，设立合伙人机制，为科学家提供了创业平台。正是在这样的模式下，康裕建教授出任蓝光英诺首席科学家和首席执行官。在2009—2014年，康裕建培养出了一支向再生医学发起冲锋的科研团队，这支科研团队成为蓝光英诺发展的肱骨力量。

▷▷▷成功打印人类血管

2015年10月，在蓝光英诺成立一年之后，由康裕建团队研发的世界首款具备全球保护发明专利的3D生物血管打印机问世。该发明可以打印出血管独有的中空结构和多层不同种类的细胞。它使用了含人体干细胞和生长因子等的“生物墨汁”，结合其他材料层层打印。打印出的产品经培育处理，就形成了具有生理功能的组织结构。

打印机核心技术——生物砖（Biosynsphere），是一种新型的、准确的、具有仿生功能的干细胞培养体系。因为直接取自同一个体的人体干细胞，所以修复、替换个体本身病变组织的异体排斥性不复存在。同时其结构和功能性匹配更佳，术后恢复等环节将变得更容易被患者接受。

同年，蓝光英诺还构建了首个具有全球独立自主知识产权的干细胞3D生物打印技术体系。康裕建教授创造了“维持干细胞干性，保持干细胞原生态”的“DEVELOR”技术理念，即在体外对干细胞不做任何基因修饰的情况下，将干细胞放入机体内，利用机体自身的组织损伤修复信号对干细胞进行定向诱导，实现机体再生。

2016年5月，蓝光英诺正式开始进行3D生物打印血管的动物实验。蓝光团队的科研人员利用取自恒河猴自体的脂肪间充质干细胞制备3D生物打印墨汁，进行了从1~104天的功能观察，并通过自主研发的3D打印设备，打印出了一段内径为4毫米、长度为2~4厘米的、具有生物活性的人工血管，并用它置换了恒河猴的一段主动脉。

“这段血管最后变得和自然的血管一样。”随后团队完成了对30只恒河猴进行的3D生物打印血管体内植入试验，试验动物术后存活率为100%，各项生物指标均未发现异常。

该项成果的核心突破是实现“内皮化”。内皮化是指自身血管内膜的最表层细胞向人工血管的管腔表面生长，形成一层内皮细胞的膜状组织。“自体血管与人工血管的主要区别是有无内皮细胞衬里，适度血管内皮化，有利于血液流动的动力学改变。”据康裕建介绍，这也是目前的人造血管在人体内容易出现堵塞、凝血等各种问题的关键影响因素。

2016 年 12 月 11 日，康裕建向全世界公布了这一实验成果，当即惊艳了行业和学界。2017 年蓝光英诺又在猪身上进行实验，结果也成功了。有中国工程院院士认为，这项成果通过打印出一根血管，提供了一种供应血管细胞和各种活性物质的手段，“打印血管有用，打印肝脏有用，打印肾脏也有用”。这部来自成都的神奇打印机，正在将人体器官再造和体内移植变为现实。

▷▷▷欲建产业创新链

据世界卫生组织发布的相关数据显示：从 2000 年到 2050 年，全世界 60 岁以上人口的占比将翻倍，从 11%增长至 22%。预计在同一时期内，60 岁及 60 岁以上老人的绝对数量将从 6.05 亿增长到 20 亿。这意味着我们周围每 100 人中就有 22 名老人。衰老与疾病是我们不得不面对的问题。

手握对抗疾病利器的蓝光英诺，未来并不打算直接生产产品，而是想做一家“输出技术、输出标准、输出模式、输出管理”的公司。杨铿提出了多种可操作的商业模式，比如，可以与符合相关资质、条件的医院展开合作，采取分成模式进行 3D 打印血管的生产销售；或者由英诺输出设备、技术等，由医院从事 3D 打印血管的操作，公司收取相关专利费、技术费等。

无论采用哪种商业模式，技术创新仍然是生物科技企业的第一生命线。

蓝光英诺积极进行科研合作与跨国合作。在成功发布世界首创的 3D 生物血管打印机的同时，蓝光英诺还和英国邓迪大学签署了合作协议。后者表示，未来将在 3D 生物血管打印领域与蓝光英诺展开深度合作。2017 年2 月，蓝光英诺与美国田纳西大学强强联手，就“3D

生物打印人才联合培养”“3D 生物打印人工血管临床试验”等项目展开了全方位的战略合作。

未来，蓝光英诺希望借助其独创的医疗影像云平台、生物墨汁、生物打印机和打印后处理系统四大核心技术体系，建立 3D 生物打印创新链，与世界范围内各大医疗机构、科研院所共同对 3D 生物打印技术的发展和应用进行拓展，并由此产生满足个性化健康需求的产业链，推动大健康产业规模化发展。

第四章
创新之路

成都，从历史深处走来，凝练出魅力独特的城市特质，乘着中华民族伟大复兴之势加快崛起。国家先后赋予成都全面创新改革试验区、内陆自由贸易试验区、国家自主创新示范区，国家级天府新区等多重战略机遇，成就了成都快速崛起的势与场，形成了电子信息、汽车制造、智能装备、食品饮料、休闲旅游、新兴金融、现代物流七个千亿级产业群。

▷▷▷成都的内在品格

一路走来，回看成都发展的轨迹，不难发现，对于一个城市而言，真正强大的不光是它所创造出的业绩和地区生产总值，还包括这个城市的内在品格。这种品格就是：对多元文化的包容、对芸芸众生的博爱以及对自身缺陷的正视……

对多元文化的包容，让成都成为“一座来了就不想走的城市，一座来了就离不开的城市”。这样的包容，让人才得以在成都聚集。

对芸芸众生的博爱，让大量的中小型企业和创业者，选择了成都这样一个有着“创业城”之称的摇篮。

对自身短板的正视，让大量的强企、外企进驻成都，拉动了成都的工业建设。成都市政府在招商引资的过程中，以“服务型政府”作为自身最明显的标签。这一标签，正是进驻四川企业的定心丸，使各大企业达成了驻川的共识。

这三点，使成都在短期内快速形成了以世界级企业为拉动力，带动配套企业形成了庞大的、完整的产业链蓝图。在短短几年之内，成都的产业就形成了规模，之后其持续性发展的动力在何处呢？我认为推动成都持续发展的这种力量，就是成都对新时代下新鲜事物的追逐，这种追逐催生出了成都在各领域不断创新、积极进取的能力。这种能力，结合政策、环境、人才等因素，演变成了成都独有的以创新力引领、以大企业带动、以新兴产业为后盾的可持续发展力。而成都互联网公司的发展，便是创新经济最活跃的因子之一。

▷▷▷向“北上广” 要人才

2012年初夏，助推移动互联网产业的中长期计划《成都高新区管委会关于加快推进移动互联网产业发展的意见》（以下简称《意见》）在酝酿半年之后，首次对外发布。这也是成都市发布的第一份关于助推移动互联网发展的计划。《意见》提出，成都高新区将设立10亿元专项资金，力争在5年内打造2 000亿元产业集群，聚集10万人才，培育上千家移动互联网企业。

在发布《意见》的3个月后，2012年9月24日，成都高新区再次召开新闻发布会，宣布《成都高新区加快移动互联网产业发展的若干政策》（以下简称《政策》）已获得通过，《政策》从公布之日起实行，有效期为5年。这是国内首个由地区政府发布的针对移动互联网产业发展的政策。《政策》中的十条具体措施，从资金、人才和服务等方面入手，旨在鼓励移动互联网产业领域的创新创业和资源聚集，在引进外地优秀企业、项目、人才的同时，激励本地企业的创新发展。

例如，《政策》中第二条明确了在行业内具有代表性、平台性，其业务呈多区域、国际化发展趋势的省外公司，其总部从异地整体迁入成都高新区的，可获得以下优惠：按最高40元/平方米/月的标准给予3年房租补贴；原有技术和管理人员一次性随迁的，按每人2万元的标准给予一次性补贴；企业成立后，前5年对成都高新区经济做出贡献的，分别给予重点产业项目培育资金支持。

针对本地的移动互联网企业，《政策》中第五条明确了对增长快速的企业给予重点产业项目扶持资金支持，对达到一定规模以上的企业给予50万元~200万元的企业经营管理层奖励。在营造创业环境、发展产业链方面，《政策》中也做出了多个规定。例如，鼓励企业和机构建设智能终端应用测试平台、内容存储分发云服务平台、专业性实验室等公共技术平台，为中小企业开发者提供便利优惠的技术服务；经评估认可的平台，将可获得最高100万元的补贴。

此外，《政策》还为行业交流活动提供了保障：国内外相关行业机构和知名企业在成都高新区开展专业化、国际化、品牌化活动，经成都高新区认可后可获得一定比例的活动经费支持；支持建立移动互联网产业协会，并通过给予研究经费、活动经费支持鼓励其开展国内外产业研究、组织行业活动。《政策》一经发布，立即在网络上引发了移动互联网创业者们的强烈关注和热议，认为此番举措是成都高新区“重拳出击”“求贤若渴”，是“在向‘北上广’要人才”。

这样的扶持力度不可谓不大。业内人士指出，出台移动互联网产业专项政策，在国内属于首次。该政策的实施，使移动互联网创业团队可以实现“低成本”甚至“零成本”创业，这不仅推动了成都本地移动互联网产业的发展，亦将影响全国移动互联网乃至IT产业格局。

“**在‘北上广’的创业者正在抱怨创业成本令人难以承受的时候，成都正在上升成为移动互联网创业的明星城市。**”这是2012年7月《商业价值》杂志给予成都移动互联网创业的评价，从侧面也预示了成都移动互联网产业蓬勃发展的未来。

▷▷▷移动互联网企业的沃土

不论是“极米科技”的钟波、“医联”的王仕锐，还是“Camera360”的徐灏，这些扎根成都的创业者和他们的明星产品都证明了移动互联网产业在成都的快速发展并不是一个偶然现象。

相较于全球电子信息产业由东向西、由沿海向内陆挺进的梯度转移模式，这一次，成都不是要做后来者和追随者，而是要拔得头筹，成为新一轮产业崛起的拓疆者与引航者。成都以反梯度模式，先决先行，冲在全国移动互联网的前沿。

在天府新区、高新片区、大源组团，成都高新区划定了5平方千米作为移动互联网产业的发展核心区，以定向服务移动互联网企业。

“在大源组团，我们所剩的土地资源已经很少，这是最后的规模产业用地。我们把它留给了移动互联网，孕育未来产业，这几乎是全区共识。”时任成都高新区规划建设局副局长介绍道。简单数语，让人印象深刻。

成都在发展移动互联网产业上，积累了相当雄厚的实力。作为国务院确定的中国西南地区的通信枢纽，成都是继北京、上海、深圳之后的第四大通信技术及设备研发中心，其通信产业发展状况、通信服务能力在中西部地区均居领先地位，同时在发展移动互联网产业方面具有产业、人才、科技、研发、应用、市场、专业服务、基础设施等综合优势。

在通信设备制造领域，成都是西部地区重要的通信技术研发、设备制造和信息服务基地，已经形成了高端原材料、芯片封装、元器件制造、模块及子系统制造集成、系统设备生产的完整产业链。

在应用软件及增值服务方面，成都不仅有国腾、迈普、芯通等一大批本土企业，还聚集了阿尔卡特、爱立信、摩托罗拉、诺基亚、NEC、中兴、华为等国内外通信龙头企业的研发中心。这些企业在软件开发、增值服务、信息安全、网络游戏等领域在全国形成了较强的竞争力。

在运营平台方面，成都聚集了天翼空间、移动音乐基地、电信西部信息中心、亚马逊成都运营中心、阿里软件西部运营中心、成都云计算中心、万国成都数据中心等大型平台，已成功面向全国提供信息运营服务。

赛迪顾问有限公司副总裁赫建营博士认为，成都发展移动互联网产业拥有良好的基础，“硬件与软件双轮驱动，拥有业内领先的知名企业，具有较强的比较优势”。

目前，成都移动互联网作为一种新兴产业已经蔚然成风。

▷▷▷成都新经济蓬勃发展

面对快速扩张的移动互联网市场，五花八门的应用产品应运而生。移动互联网与互联网相比的最大特点是：“随时随地”和充分个性化，而其核心优势是移动性。随着移动互联网进入“应用为王”的时代，更多具有社交特点，能够满足用户生活和工作需求的移动应用将形成趋势。

以《愤怒的小鸟》为例，该游戏在 68 个国家的付费应用排行榜上排名第一，每天几千万玩家在这款游戏上花费的时间共计 2 亿分钟。更为重要的是，该游戏正从线上走到线下，衍生出涵盖动画片、书籍、服装、文具等全线产品的庞大产业链。后来，这款游戏还衍生出“愤怒的小鸟”主题娱乐公园和电影。

迄今为止，移动互联网已经成了 21 世纪初期声势最为浩大的造梦运动的载体。

成都尼毕鲁科技就是这场全球运动中的逐梦者之一。尼毕鲁科技旗下的策略手机游戏《王者帝国》于 2012 年 2 月上线，上线仅 3 天，就晋升为苹果 App 商店中国区下载榜第一。除了“帝国三部曲”系列，公司其他软件产品如 Twit bird 等也屡次在同类别应用的下载榜单中排名第一。同时，尼毕鲁还保持着中国地区单款游戏在苹果 App 商店收入最高的纪录，屡次被苹果官方报道。

恒图科技的段江也做着自己的移动互联网之梦。段江，23 岁进入英国诺丁汉大学计算机系从事图像技术研究工作，4年后获得博士学位；26岁，进入施乐公司欧洲实验室，并以第一发明人的身份获得了多项国际专利；27岁，进入美国西北大学开展博士后研究，参与了多项美国自然科学基金项目；28岁，回国，成为西南财经大学博士生导师。目前，他还是西南财经大学中国区块链研究中心主任。

2009年段江决定创业，把研究成果商业化。他和朋友筹集了30万元人民币，创办了成都恒图科技有限责任公司，专注于HDR技术和图像增强等数字图形图像技术。一个数字图像处理技术的专家，似乎就在不经意间成了一位移动互联网领域的创业精英。他希望未来能把自己的数字图像处理技术应用到医疗卫生、航空航天等领域。

无论是尼毕鲁的创业历程还是恒图段江的梦想之路，都反映出了成都移动互联网产业的发展路径和方向。无数像他们这样的成都移动互联网创业团队和创业者“异军突起”，证明了来自成都的团队和企业正在相关领域掌握越来越多的主动权。

如今，成都新经济蓬勃发展，涌现出了医联、数联铭品、咕咚、优客逸家、百词斩、傲势科技等独角兽企业，以及23魔方、尚作农业、麦子学院等未来独角兽企业。这些企业涵盖了大数据、大健康、物流、新零售、人工智能等领域，为成都经济带来了无穷活力。

红旗连锁：本土社区超市的全面创新之路

一张成都地图上插满了小红旗，成都红旗连锁股份有限公司的一面旗子代表着一家店面。红旗连锁已遍布成都的街头巷尾。

红旗连锁董事长曹世如还有一个别称：曹大侠。从无到有，从小到大，曹世如凭借着敏锐的商业嗅觉和魄力，将并不起眼的社区超市业务做得有声有色。

如今，红旗连锁已发展成为“云平台大数据+商品+社区服务+金融”的“互联网+”现代科技连锁店。此外，红旗连锁还是四川省及成都市“重要生活必需品应急保供重点联系企业”。梳理红旗连锁近二十年的发展历程可以发现，这家企业在体制、资本、战略、管理、品牌、技术等方面做出了诸多创新，在成都零售业一枝独秀。

▷▷▷“净身”改制

1972年，曹世如进入当时的国营企业红旗商场工作，最初的岗位是票证管理员，后来担任过班长、业务科长。正是在业务科长这个位置上，凭借着个人出色的业务能力和人格魅力，她建立了全国性的业务网络，与超市供应商建立了良好关系。

1991年，红旗商场进行了内部调整，曹世如所在部门改为红旗商场批发分公司，她本人出任批发分公司的经理。那段时期，国家还处于对经济活动的探索阶段，零售市场较为混乱。

当时，交通以及信息沟通远不如今天顺畅，价格双轨制又带来了寻租空间，市场上充斥着伪劣产品，定价也十分不稳定，还有很多零售终端拖欠货款，这些都让曹世如头疼不已。

“当时我的部门主要负责专业批发，别人拿了我们的货，却没有能力支付，最后导致我们也没法向上游厂家支付，因此‘三角债’的情况很严重。”曹世如回忆道。有一次她去收款，对方一脸无奈地说：“你看嘛，坐着那么多人都是要求发工资的，我们已经几个月开不出工资了，还能有什么办法，只有一堆烂皮鞋可以拉走抵款。”

红旗商场的乱象在一定程度上代表了当时国有零售业的普遍状况。曹世如意识到了企业不按市场规律运行所带来的种种弊病。“那时的国有零售企业都处在很被动的阶段，可谓举步维艰。当时的零售业还没有真正按照市场经济的规律运行，官僚作风还比较严重。”她表示。

外患不断，内忧也无处不在。红旗商场内部管理很混乱，曹世如作为“局中人”，逐渐有了自己经营的念头。她举例描述，原来在卖场里，仅1 000多平方米的面积就有十几个部门相互竞争，他们在同一个商场里卖着同样的东西，实际上是一种资源的浪费。“我们既有全国性的供应商网络，又具备仓储等条件，为什么不主动地走进社区、走向终端开超市呢？”

曹世如一直是一个主动寻找机遇的人。1996年，凭借着超强的执行力，曹世如说服红旗商场终于在成都市梁家巷开了第一家社区超市，虽然面积不到300平方米，却经营了4 000多种商品。接着，她又把店的名字改成红旗直销批发商场，目的是告诉老百姓，这里的商品便宜、方便购买，并且质量可以放心。

“当时成都市还没有连锁经营的零售企业，我们就想，既然老百姓买东西不方便，而我们又有充足的货源，为什么不尽可能地贴近老百姓的生活呢?”曹世如说，这也是她当年想做连锁社区超市的初衷。为了实践自己的想法，曹世如在选址上有意避开了黄金地带，“当时的选址主要在街边、社区里、工厂旁，都是很不起眼的地方，否则成本太高，竞争太大，很容易遭到红旗商场的反对”。第一年，曹世如就开了 8 家分店，用她的话来形容：“当时感觉真是不得了。”在随后的 4 年时间里，红旗超市陆续在成都开了30 多家分店，都选择开在离市中心较远的社区里。

在计划经济的背景下，曹世如坚持走市场化道路的做法自然也会引起异样的眼光。例如，当时红旗连锁分店的大部分员工都不能享受国企职工待遇。“因为分店招聘的都是下岗工人等，红旗商场没有这部分人的工资待遇，就只能靠给厂家打广告、做批发，把一些商品的回扣积累起来给这些员工发工资和奖金，日子过得紧巴巴的。”曹世如感慨道。

1999 年，原来的红旗商场明确禁止曹世如继续发展连锁开店的业务，但那时连锁超市已经有 30 多家店、900 多名职工。“其中有 40 多人是原国有企业职工。这时不进反退，不改制都会‘死’在这个旧的体制里。”曹世如回忆道。

1999 年，曹世如主动向上级打报告要求改制，但并没有得到红旗商场的同意。于是，她又找到了当时的主管部门商贸委，历经种种困难才最终获批。不过，改制的条件极为苛刻：红旗连锁必须自己承担红旗商场1 180万元的债务，40 多名国企职工的安置费也由她本人来解决。尽管前路曲折，但是这样的结果代表着红旗连锁踏上了自主发展的创新之路。

胡耀明从 1981 年起就在红旗商场工作。在改制之前，他负责配送中心的管理工作。据他回忆：“当时很多人都不理解我们，也包括家人。他们说我们本来是国有企业员工，跟着曹总出来，原来的国有企业的编制和福利就没有了。但是我们信任曹总，因为共事多年，她的为人处事和责任心都是有目共睹的，大家都相信她的工作能力。”

2000 年 6 月，红旗连锁正式改制，但日子并不好过。“当时我们没有什么资产，所有的门店、仓库都是租的，只有一堆供应商的货，还好当时供应商都愿意支持我。”曹世如回忆道。当时给供应商支付货款很困难，什么资产都没有，仅靠供应商的货在周转，压力比较大，最迟要 2~3 个月的时间才能支付货款。供应商的支持都源于曹世如在业务科、批发公司时积累的人脉资源和信任。

▷▷▷红旗“三步曲”

“如何让红旗连锁迅速走上正轨”成了改制后曹世如首要思考的问题。管理创新则是突破口之一。

“在还没改制之前，我就很注重内部管理，也尝试过电脑化管理。因此改制成功后，第一件事情就是全面推行电脑化管理，建立整套电脑管理系统。”曹世如说道。企业要发展，就应该利用现代化的管理手段来科学管理，一是能够高效率，二是能够透明化。

在规范管理后，红旗连锁加快了扩张步伐。由于资金短缺，红旗连锁无法快速占有市场。为了解决这个问题，曹世如采用了加盟的方式，比如在远离市中心的区域开设加盟店，数量一度达到 200 多家。“但是在公司发展到一定程度，形成了规模以后，我专门成立了一个班子砍掉这些加盟店，因为担心操作不规范的加盟店会影响企业声誉。”曹世如说道。

“提升硬件、加速扩张、寻找合作伙伴”是当时红旗连锁给自己定的战略创新“三步曲”。

2002 年年底，红旗连锁已经实现销售额超 10 亿元。此时，企业在合作伙伴上看到了新机遇。2003 年 3 月，德隆旗下的德隆国际委托一个中介机构联系到红旗连锁。在曹世如的办公室里，德隆国际的法定代表人唐万里静静地听她介绍着红旗连锁的情况以及经营之道，时间长达3个多小时。当时德隆的危机尚未暴露，在资本市场上依然风光无限。

2003年7月，双方正式合作，德隆国际总共从原红旗连锁两个股东手中受让了70%的股权，曹世如与另一股东各持股15%。“当时德隆追得很紧，并且我觉得他们也很有诚意，所以就同意了合作。我一心希望将企业做大做强，一开始还是对德隆寄予了很高的希望。”曹世如说道。

这一次股权转让，曹世如在商场的魄力以及希望迅速做大的决心表露无遗。“德隆提出必须要控股；我还是担任董事长、总经理，所以我觉得没有什么变化，最后就同意了。”

按照曹世如的想法，引进德隆，起码应该在管理团队、资金支持两方面给红旗连锁带来帮助，但不料，事与愿违。

很快，德隆就空降了一个6人团队到红旗连锁。按照曹世如的话来讲，当时红旗连锁敞开胸怀为这一团队提供很好的条件，但是没有想到该团队金玉其外，败絮其中，表面看起来素质很高，其实并不专业。他们来了以后破坏了红旗连锁的正常运行。譬如，按照德隆计划，红旗连锁年内要在成都发展几家大中型的超市，这完全违背了红旗连锁制定的稳定发展原则。

紧接着，德隆要求红旗连锁与旗下另一企业进行相互担保，互保金额为5 000万元。曹世如对此坚决抵制，说：“我了解我的企业，但我怎么了解对方？我当时就给公司的干部团队讲，德隆这样的做法是在利用国家金融体系存在的漏洞。”互保没有得到曹世如的同意，德隆为此很头痛。

曹世如感慨道：“我当时就感觉到，德隆是想完全控制这个企业，一方面掌握现金流，另一方面好干些其他事，但最终发现我并不是一个听之任之、好驾驭的人。”

事实上，德隆在付了第一期股权收购款并完成工商变更后就再无下文。而按照签署的协议，在第二、第三期款项支付之后，股权转让合同才可生效。后来德隆危机爆发，他们没有完全履行合同，曹世如通过各种努力终于拿回了德隆手中的股权。

德隆的事情刚刚解决，原来的母体红旗商场又出了风波。

“在2005年的时候，红旗商场负债8 000多万元，资不抵债。一些老员工就找到我，希望我能接手红旗商场。”曹世如回忆道。

红旗商场内部管理混乱，或多或少殃及了红旗连锁。“他们开了三家分店，但是老百姓心目中只认一个红旗牌子，两面红旗并存的局面搞得我很头疼。”曹世如表示，其他人去做了很多不规范的事情，但别人都会认为这是红旗连锁做的，容易造成混淆。比如，消费者到红旗商场买了东西，发现有问题，又跑到红旗连锁要求退换等。

此外，从2005年起，跨国零售商加速向内地二、三线城市扩展投资，包括沃尔玛、新世界百货在内的国际零售龙头企业都陆续到成都踩点。外资零售企业以及国内其他零售巨头陆续入驻成都，零售市场争夺更为惨烈，红旗连锁也需要两线作战。

在如此情境下，曹世如坚定决心要尽快解决“两面红旗”的问题，以便抽出手来应付更为激烈的市场竞争。当时红旗商场值钱的资产仅剩地处成都盐市口的一栋房产，而这座商场由于长期惨淡经营，已经门可罗雀。曹世如把它接管过来，包括商场8 000多万元的负债。

她果断决定，红旗商场的500多名员工，如果愿意到红旗连锁来工作，经过培训后就可以重新上岗。2005年9月，原来的红旗商场重新开张，部分门面定位为四川土特产销售点，占地面积仅为1 000平方米。门面虽不算大，但在平日里销售额却能达到二三十万元，在高峰时甚至高达上百万元。商场其余面积则用于出租，大楼上面开设了红旗宾馆、红旗剧场。

在这之后，红旗连锁进入了良好发展的轨道，并开始盈利。从2007年起，每年超市业绩都有30%的增幅。“基本上我们每年都要增加100家新店。”曹世如说道。

在这期间，曹世如重点规范加盟店的发展。2005年以后，原先负责加盟部门的任务变成了减少加盟店。“做得不规范的就不再续约，我们还收购了6家加盟店。”曹世如表示，“但如果是在很偏远的地方，经营者本身责任心强，且有能力经营，依然可以选择加盟。”

在这些年的发展中，曹世如更加坚定了一条经营法则：真正的效益源自管理，而不是规模。譬如，红旗连锁的供应商可以登录网站，实时查询自己的产品在每家店的销售、库存情况，并且可以主动给红旗连锁补充货源。“这就保证了管理是透明的，也可以防止公司员工出现违规行为。”曹世如说道，如此一来，也可实现与供应商的进一步互信。在软文化建设方面，她很注重思想教育。在公司起步时，员工当中只有3名共产党员，后来发展到近千名，曹世如本人一直担任党委书记。如此一来，红旗连锁的员工凝聚力也变得更强了。

▷▷▷首家便利连锁上市公司

2009年，给红旗连锁做审计的会计师事务所主动找到曹世如，建议她考虑上市的事情。“为什么要上市？上市的好处是什么？其实我当时并不太懂。”曹世如说道。

不过，很快她就接受了会计师事务所的建议，一个企业要做大做强还是要依靠上市融资，按照红旗连锁目前的成绩，应该再继续往前走一步。随后会计师事务所、律师事务所、券商等机构入场，一直到6月份，整个机构团队都运转正常。这时，曹世如心里反而开始不安，她说：“我觉得红旗当时还没做好上市的准备。”于是，上市准备工作不得不暂停。

她解释道，如果需要高速扩张，管理团队储备得还不够。且当时红旗连锁依靠每个月的盈利尚能进行稳健的扩张，每个月都有上千万元的盈利，并不缺资金。

然而，两件事情的发生很快就让曹世如改变了想法。

2011年年底，多名具有零售业背景的管理人员主动找到曹世如，希望能加盟红旗连锁。“他们来公司后，我根据他们个人的能力安排岗位，现在发挥得都很好。”管理团队的加盟，让她的底气更足了。

另一件事情就是新战略投资者入股。在众多机构看来，中西部的零售业正面临着一次大机遇。民生证券的零售业报告认为，从分地区的经济增长速度、社会消费品零售总额增速来看，“十一五”期间呈现出中西部地区增长快于东部沿海地区、二线城市发展快于一线城市的趋势。这种趋势在“十二五”期间将得以持续。“十二五”规划将重点推进劳动密集型产业向中西部地区转移，区域内就业的扩大和城镇化的提速将推动地区经济和消费加快增长。

事实上，自2007年以来，资本市场逐渐火热，国内外很多股权投资机构都找到红旗连锁，希望能入股，其中不乏高盛、摩根士丹利等国际大牌机构，但都被曹世如拒绝了。在她看来，“红旗”两个字就决定了不能搞成中外合资企业。曹世如始终如一地想将企业做成纯正的民族品牌，这是她一直坚持的原则。

而对于国有的投资机构，她认为，国有企业的体制没有民营企业的灵活，需要考虑的因素太多。零售是一个竞争性太强的行业，曹世如担心机制的不灵活会使企业的发展进入瓶颈。

2009年年底，九鼎投资以及作为“中小板第一股”的新和成股份有限公司开始分别接触红旗连锁，并在2010年上半年达成投资协议。据曹世如透露，两家投资者总共投资3.3亿元，持股超过10%。其中，九鼎投资公布的投资额是1.5亿元。2010年5月，成都红旗连锁股份有限公司成立，曹世如任董事长、总经理。她表示："我感觉他们做得很专业，做事也很实在，他们对红旗的文化很认同，对我的团队也很认同，因此我就接受了他们。"

随着风投入股，上市也自然重新成为曹世如思考的问题。在2010年春节过后，上市的各项准备工作又继续推进。2012年9月5日，红旗连锁登陆深圳证券交易所，成为中国A股市场中首家便利连锁超市上市公司。

▷▷▷门店多元化，拒绝跨区

自2010年以来，红旗连锁在发展的道路上进行了一些创新尝试。

2010年9月底，红旗连锁在成都地铁1号线设置的红旗24小时便利店正式开张，首批有6家店。按照计划，红旗连锁要尽可能地在繁华地带或夜间消费能力较强的店中，另辟一小块地方作为24小时便利店，不另外选址，店数可能达到50家。

"我们会从实际出发，成都的夜生活毕竟还不如北京、上海等地，因此不一定非要做成24小时营业，更多门店只需将关门时间调整到晚上12点即可。"曹世如说道。除了24小时便利店，大卖场也是曹世如的一个构思。她认为，零售业的格局在发生改变，再不开设大卖场可能就落伍了。

此外，现在团购业务很流行，占比也相当大。虽然红旗连锁很早就已经实现网上购物，但是这一渠道也决定了必须有大卖场这样的载体作为支撑。曹世如说："顾客拿着购物券到红旗连锁买米买油，能消费多少钱？又有谁愿意通过网上购物买酱油？"她认为，社区超市的规模小，要搞一个大促销活动很困难，而大卖场就不一样，做活动很方便。

“因此必须突破大卖场这个瓶颈，我就不相信依靠红旗连锁的影响力没有能力跟外资企业竞争。我们如果不突破，就永远不能实现大步发展。”曹世如说，“有了投资者加入，我们会加快发展的速度，原来已有两个物流配送中心，马上就要建第三个了。”

对于零售业正流行的跨区经营，曹世如也有自己不同的看法。红旗连锁暂时没有到省外发展的计划，它的目标只是做区域的龙头企业。她最担心的是，如果跨了省以后管理失衡，就很容易形成“诸侯割据”的局面，最后失去连锁实质的管理意义。

2003 年，红旗连锁尝试走出成都，到四川省内江市开了省内跨区的第一家门店。在连锁经营的模式下，商品价格理应保持一致，但是最后发现，内江分店在各方面的成本都大幅增加。据曹世如透露，随着德阳、绵竹、内江等地的门店数量不断增加，成本逐渐有所下降，总体上效益比不上成都地区，但保持正常的运营没问题。

在曹世如看来，无论是做连锁或其他行业，最重要的还是出发点，“必须抱着为老百姓服务、不让员工失业的心态，这个出发点会让你永远快乐地辛苦着”。谢羽是红旗连锁的一名资深店长。2000 年，她下岗后，就来到了红旗连锁。目前在红旗连锁的普通员工中，绝大多数员工是下岗职工、农民工、“4050”人员（40~50 岁的员工）等。“我们的普通员工都有‘五险一金’，并且公司里 80%的管理人员都是从基层一步一步提拔上去的。”谢羽说道。

▷▷▷社会责任驱动管理

红旗连锁拥有四川省内数量最多的门店，并且还在不断地扩张中，这样的速度离不开其“收购+拓展”的发展方式。几年前，我们还能够看到“互惠超市”的身影，而如今互惠超市的众多门店都已经挂上了“红旗”的招牌。2015 年，红旗连锁展开了对互惠超市、四海超市、红艳超市的收购。

实际上，收购互惠超市十分棘手。

对互惠超市现有的门店进行改造，价格并不比新开门店低。此外，互惠超市拖欠的员工社保、供货商货款都需要收购方协调补齐，红旗连锁其实并没有将其“吃下”的必要，但红旗连锁仍然选择了收购。四川的零售业内人士认为，红旗连锁主动接受互惠超市是出于社会责任的考虑。

社会责任这一理念早已被红旗连锁融入经营之中。我们可以看到红旗连锁的收银员、导购员、铺货员等大多是 40~50 岁的中年妇女。2015 年的一份数据显示，红旗连锁拥有高中及同等学历的员工 7 033 人，初中及以下学历的员工 7 642 人，这些员工共占据员工总数的 90%以上，并且其中 80%是女性。7-11、全家等便利店更倾向于雇用年轻女性作为收银员、导购员。相比之下，红旗连锁就像是行业里的一位“大妈”，一位令人尊敬的“大妈”。

为了能够为社会尽一份力，曹世如接纳进城务工人员和下岗人员，为地方政府解决了“就业难”的问题。收银员、导购员的工作内容并不是很难，工作人员不需要具备高超的技能，只要经过简单的培训就能上岗。

红旗连锁扎根社区，是生活超市，与其他便利店有着不同的定位。生活超市中的柴米油盐对于中年女性来说并不陌生。这些阿姨辈的工作人员是店铺最佳的运营人群，因为她们懂生活、会生活，相比年轻人，她们在社区生活方面有着更为丰富的经验。

红旗连锁尽到的社会责任并不止于此。在“5·12”汶川大地震和“4·20”芦山地震后，红旗连锁配送中心协助政府和军队将一批又一批的物资送入灾区。在贫困的川西山区，红旗连锁捐建的多所希望小学已帮助数千名学生完成了学业。

社会责任不是企业的负担，担负起社会责任是企业回馈社会的另一种方式。红旗连锁将社会责任融入企业经营之中，其为下岗职工创造的工作岗位数量位居省内第一；捐建的希望小学数量是省内第一；在同行业中缴纳的税收也是省内第一。不可否认，这面“红旗”的的确确是扛起社会责任的一面大旗。

▷▷▷携手永辉，进军生鲜

从2003年起，红旗连锁便开始提供公交卡充值服务，后来陆续增加了缴纳水电气费、就诊预约、洗衣家政甚至信用卡还款等方面的服务。在移动支付诞生之前，红旗连锁已将“便民”二字做到了骨子里。

“红旗连锁——您的好邻居”这样“亲民”的红旗连锁的确成了人们离不开的好邻居。深入人心的便民服务加强了消费者与红旗连锁间的联系，让红旗连锁能够在零售企业纷纷倒下的大环境下得以逆流而上。不过随着移动支付的普及，这种便民服务的优势不再。消费者在网上便可得到日常需要的服务，这让红旗连锁的便民服务似乎只限于充值公交卡这一项。

幸运的是，经过这几年，红旗连锁已经找到了另一种不可替代的生活服务方式。

2017年12月15日，红旗连锁向深圳证券交易所申请公司股票停牌。众人纷纷猜测是哪家巨头想要购得红旗连锁的股份。不过让人没有想到的是，入股方竟是永辉。直至2018年年初，永辉一共“吃进”了红旗连锁21%的股份，成为红旗连锁的“二当家”。

生鲜零售业务是永辉超市的经营强项，而在双方通过股权捆绑达成战略合作后，永辉超市专门派出了一个生鲜业务团队协助红旗连锁进行生鲜零售业务的运营。“通过与永辉超市的合作，公司的一些业务短板得到了有效弥补。从目前率先开设的试点生鲜店的情况来看，生鲜门店的营业额较普通门店大幅提升，运营效果非常好。”曹世如说道。

生鲜入场为红旗连锁带来了显著的积极效果。生鲜能让消费者每天都有理由来到小区外的红旗连锁逛一逛，这一行为不仅能够促进生鲜本身的销售，还能够带动超市其他配套商品的销量。生鲜在社区超市的地位将越来越高，消费者也更倾向于购买更为干净的、品质更加有保障的生鲜。社区店如果能让部分居民省去前往菜市场的时间，那么其收益将更加显著。

位于成都市天府新区海昌路的红旗连锁店，依托永辉超市的强大供应链，在原有基础上进行了升级改造，是红旗连锁第一家转型升级、拥有生鲜的社区生活店。店内蔬菜瓜果、鸡鸭鱼肉样样俱全，十分新鲜，引来了很多顾客。家门口的红旗连锁就可以满足日常生活必要的购物环节，特别是在日常生鲜领域，这不仅让消费者省心，还让店内的销售额得到大幅提升。

红旗连锁做过很多产业拓展，包括宾馆、缴费服务和生鲜等。无论哪一种拓展都是对便捷生活的一种尝试，不可否认的是这些尝试给我们带来了许多便利，也让红旗连锁与“便民”二字紧紧地联系在了一起。

▷▷▷“本土化”“接地气” 制胜

年轻人喜欢将红旗连锁与7-11、全家等日资便利店做对比，相比之下，红旗连锁的商品不如日资便利店的新颖，货架摆放不如日资便利店的简约，甚至收银员也不如日资便利店里的专业等。这些不足似乎让红旗连锁与“土气”挂上了钩。

2011 年 3 月 17 日，日资便利店 7-11 在成都开设第一家店。许多人都为本土便利店的经营捏了一把汗。

其实红旗连锁与 7-11 等外资便利店有着本质上的区别。红旗连锁扎根社区，是实实在在的社区便利店，而 7-11、全家等便利店大多选址在繁华的地段。

繁华地段虽然能够提升便利店的品牌影响力，但是事实上便利店扎堆的繁华地段人群分流严重，并且消费几乎都属于即时性需求，例如购买饮品、香烟等快销品，很少有消费者会因为计划性需求而对便利店产生主动消费的意识。可见这种即时性需求在繁华地段虽然能够促进销售额的增长，但是在品牌的营造上并没有太大效果。没有人会为了计划性地买一些常用商品而专门跑到繁华地段，这也让外资便利店显得“不接地气”。

红旗连锁的店铺遍布各个街区，一个较大的社区附近基本都会有红旗连锁的身影。这些社区店能够满足消费者的计划消费和即时需求。虽然带点“土”味，但是却能给消费者带来实惠和便利的体验。与其说是“土”，倒不如说是一种“本土化”“接地气”的特色。

▷▷▷布局新零售

全球知名咨询公司贝恩发布的《2015 中国购物者报告》显示，2013—2014 年，大环境的低迷使大多数零售企业减少了新开门店的数量，并且关掉了一些效益不佳的门店，比如家乐福关闭了约 25 家，沃尔玛关闭了 30 家。而红旗连锁逆势而上，在 2015 年收购整合、新开门店超过 600 家。这样的成绩正是借助了科技的力量。

2016 年 12 月，红旗连锁联合小米科技、新希望集团发起成立了四川首家民营银行——新网银行，同时这也是西部唯一的互联网银行。目前该银行已为红旗连锁带来盈利。相关数据显示，2019 年新网银行实现营收 26.81 亿元，同比大增 100.79%，同期净利润达 11.33 亿元，同比更是大增 207.61%。而红旗连锁对应获得的投资收益为 1.70 亿元。① 至此，红旗连锁“连锁+互联网+金融”的布局已经成型。另外，公司还不断向智慧零售、智慧生活迈进。在加强自有营销网络建设的同时，公司也与美团、饿了么等具有竞争优势的线上企业合作，实现了线下线上共赢发展。

2017 年 6 月，红旗连锁宣布启动红旗云大数据平台，成为国内零售业首家大数据连锁企业。红旗云大数据能够为红旗连锁上千家供应商及其他合作伙伴提供相应的数据服务，为消费者提供消费数据参考和建议，为政府相关部门的决策提供一定的数据支撑，为行业发展提供数据报告等。

红旗云大数据平台与电子商务平台的数据区别较大。电子商务平台的数据分布领域较广、量级较大，是许多企业做决策、下定论的有效参考资料，但电子商务平台的刷单现象十分常见。2018 年 8 月 9 日，央视《焦点访谈》曝光电商平台有 80% 的卖家都存在“刷单”现象。这样“刷单”的数据对企业的战略决策、发展方向都会产生一定的负面影响，虽具备参考意义，但仍然不能代表真实的市场。

红旗云大数据平台的数据源自一张小小的会员卡，这些数据是人们在红旗连锁购物时的实际消费数据。虽然产品种类有限，也不能反映全国的消费习惯，但是对于川内的企业来讲，这些数据是真实可靠的，是可以促成企业决策的有效数据。简单来说，红旗连锁的任何一家门店每卖出一瓶酒、一包烟，数据就会被上传到红旗云大数据平台进行分析。如此，近 500 万会员客户的消费习惯就一目了然了。这些

① 搜狐网. 红旗连锁业绩大增背后 子公司新网银行贡献利润超三成 [EB/OL]. (2020-03-30). https://www.sohu.com/a/384272447_222256.

数据能够拉近红旗连锁与消费者之间的距离，淘汰长期滞销的货品，为热销的货品带来更多的空间。

除了红旗云大数据平台之外，红旗连锁还“玩”起了跨界合作。超市目前可以提供公交卡充值、水电气充值代收、移动支付、网络代收、票务代收和取票、邮政速递和顺丰快递的代存、代收件等服务，在全国同行中遥遥领先。红旗连锁还运用自身的渠道优势、信息技术优势等，先后与中国邮政、中国电信、四川发展、香港四洲集团、中国石化、四川能投等多家公司达成战略合作，力争在品牌联合营销、大数据、信息化应用、社区金融、社区O2O服务等领域展开深入合作，助力成都打造“互联网+”时代的5分钟便民生态圈。

不断地创新与跨界让红旗连锁不再是一个传统的零售连锁企业，其不断扩大的影响力使其能改变消费者的传统理念，让红旗连锁焕发出新的活力。

作为成都本土的连锁便利超市，红旗连锁已能为社区居民提供70多项便民服务，又与成华区、青羊区、锦江区、高新区、武侯区等的政府部门开展合作，打造“市民驿站”，还可办理社保、税收等多项政务服务。2018年，红旗连锁运用人脸识别等技术推出了线上自助收银、24小时无人售货服务，并研发了红旗App等科技产品，实现了线上线下融合发展。如此，红旗连锁从“连锁经营+物流配送+电子商务”发展成为“云平台大数据+商品+社区服务+金融”的“互联网+现代科技”连锁企业的商业模式。

同时，作为本土最大的连锁企业，截至2019年9月底，红旗连锁的门店数量已超过3 030家，并且仍在增长中。虽然门店大多数集中在成都区域，但是却占到了全国便利店7.6%的市场份额，仅次于东莞零售巨鳄“美宜家”和江苏最大的连锁超市“苏果好的”。

据2019年年度报告显示，红旗连锁实现营业收入78.22亿元，同比增长8.35%；营业利润达5.67亿元，同比增长51.92%；利润总额达 5.67 亿元，同比增长 52.28%；归属于上市公司股东的净利润达 5.16 亿元，同比增长 59.90%。截至 2019 年年底，红旗连锁共有 3 070家门店，其中，净增门店有 253 家。公司计划在 2020 年开店不少于 200 家。

近些年，红旗连锁主动拥抱科技创新赋能，着手进行门店提档升级、调整商品结构，除了“商品+服务”之外，积极布局快餐、生鲜等领域。2019 年11 月，红旗连锁牵手阿里旗下饿了么、口碑进行深度合作，主要提供线上超市外卖，推出了城区快捷无缝覆盖的到家服务。目前首批 200 家门店已经上线，后续将根据业务需求新增更多门店，为消费者提供多元化的体验选择。

2019 年 12 月，红旗连锁再次对外扔出一枚“重磅炸弹”，宣布与中国铁塔股份有限公司成都市分公司联手，打造“5G+智慧商超”新模式。中国铁塔是经国务院批准设立的大型通信基础设施综合服务企业、全球最大的通信基础设施服务公司、国家战略性公共基础设施建设运营主力军。双方将在 5G 网络站址资源储备、连锁超市备电发电、便民电动车换电、智慧物流、智慧消防等方面展开深度合作。未来，双方将不断探索出新的合作路径，助力成都打造智慧城市、建设国际消费中心城市。

不得不说，这样的红旗连锁是川内零售企业向高科技企业转型的一个典范，布局“互联网”与“金融”，打造更靠近消费者生活的生鲜市场，红旗连锁勾勒出了连锁零售行业的未来。

2020 年新冠肺炎疫情发生以来，红旗连锁三大配送中心 24 小时待命，从大年初一就开始加班，全力保障 3 000 多家门店的商品配送，确保春节市场供应，做到了不关门、不断货、不涨价。2020 年 9 月 8 日，在全国抗击新冠肺炎疫情表彰大会上，成都红旗连锁股份有限公司荣获“全国抗击新冠肺炎疫情先进集体”称号。

硅宝科技：立足新材料，争做细分领域冠军

四川是中国有机硅材料工业的发源地。1965 年三线建设时期，北京、上海、沈阳等地的几个研究院所，合并内迁四川腹地，组建了晨光化工研究院。该院主要从事有机硅、有机氟等材料的技术开发、应用研究和生产，当时这些材料主要用于军工产品。现在，晨光化工研究院依然是我国有机硅高分子新型合成材料研制和生产的重要基地之一。

在这样的行业背景下，也诞生了许多同领域的民营企业，硅宝公司就是其中的佼佼者。

硅宝公司的主营业务是生产有机硅密封胶和制胶专用设备两项，股东大都是有机硅密封胶行业的专家，因此对于他们来说，技术方面基本不存在问题，问题仅在于捉襟见肘的资金。没有融资渠道，创业初期只有股东们东拼西凑的 50 万元注册资金，连购买设备和原材料、支付房租和员工工资等的基本开支都难以应付。在如此困难的情况下，公司依然坚持技术创新，申请了多项发明专利和实用新型专利。

刚成立的硅宝公司还不具备大规模生产密封胶的能力，仅依靠股东们在沿海企业做技术服务、技术顾问时的积累才逐渐起步。公司董事会秘书郭斌说："刚成立的时候，我们主要是卖密封胶专用设备和密封胶生产技术，并做得很成功。国内大型的密封胶生产企业基本上都采用我们的专用设备。我们的第一桶金就是这样赚来的。"

5 亩地、8 位创业者，是硅宝公司1998 年成立之时的情景。这 8 位创业者见证了企业的成长。怀揣创业梦想的他们渡过了公司最艰难的时期，迎来了硅宝的第一缕阳光。如今，硅宝公司依靠技术创新，拥有了有机硅密封胶的众多专利，成为参与制定密封胶行业标准的企业，奠定了硅宝公司在中国密封胶领域的地位，成为四川乃至中国新材料行业第一家创业板上市企业。

▷▷▷高新区助力硅宝扩张

2002—2003 年，硅宝公司迎来了发展史上的转折：2002 年，硅宝公司通过了“国家经贸委硅酮结构密封胶生产企业认定”；2003 年，硅宝公司被评为“成都市优秀高新技术企业”，其制胶专用设备被法国罗地亚公司选购。

硅酮结构胶主要用于建筑玻璃幕墙。大型及高层玻璃幕墙建筑对结构胶的质量要求非常高。如果结构胶质量不合格就会导致玻璃脱落，从而造成严重后果。因此，国家开始对此类产品的生产进行强制认证。2002 年，全国共有 8 家企业通过了生产认定，而西部地区只有硅宝一家。

2003 年，成都市要认证一批高新技术企业。对于硅宝这样一个小公司来讲，如果能被认定为高新技术企业，势必会让企业跨上一个新的发展台阶。郭斌说：“当时我们没有信心，因为公司很小，但是我们有很多专利，发展势头也非常好，所以政府就给了我们机会。”

在获得殊荣的同时，企业也走上了快速发展的道路。硅宝公司成立以来，坚持“技术不断创新，品质精益求精，服务及时有效”的经营方针，销售额逐年翻番。2003 年，硅宝公司的销售收入已达 2 000 多万元，工厂占地面积从最初的 5 亩地，扩建到了近 20 亩，并招聘了一批高校毕业生。

2006 年，原有的 3 000 吨产能已供不应求，即便机器 24 小时运转也不能满足市场需求，大批订单在排队等候。原材料、设备、产品也已经没有地方安置存放。2006 年年底，摆在硅宝股东面前的首要问题就是买地扩建，提高产能。然而，当时成都高新区已经没有土地可用。硅宝公司准备搬到其他工业园，并且已经缴纳了土地出让金。

成都高新区领导得知硅宝公司要搬走，对此非常重视，多次到硅宝考察，并召开会议专门商讨对策。最后，高新区领导决定将一家公司闲置的 70 亩土地协调给硅宝公司，并且通过中小企业担保公司帮助硅宝融资500 万元。经过两年的建设，硅宝公司于 2008 年年底迁入新的生产基地，2009 年硅宝公司产能已达万吨。郭斌说："当年，如果没有得到成都高新区在土地、资金、规划建设等各方面的支持，硅宝公司就不可能发展得这么快！"

▷▷▷标准为王

20 世纪 90 年代初，有机硅密封胶开始进入中国建筑装饰行业。当时中国有机硅密封胶市场全部被欧美公司垄断。郭斌说："当时，国外公司出口到中国的产品，其质量都不是最好的，并且价格很高，但是我们又没有办法掌握这个市场，因为当时没有中国的标准来限制它们。"

在国家标准化管理委员会的召集下，硅宝公司的人员参与编制了国家标准《建筑用硅酮结构密封胶》（GB16776-2005）。"当时参与编制的共计 16 人，其中密封胶专家 7 人中有 3 个就是硅宝公司的人员。"郭斌提及此事依然兴奋不已。之后，硅宝公司又参与了一系列国家标准或行业标准的制定，成为参与制定密封胶国家标准或行业标准的主要企业，由此奠定了硅宝在中国有机硅密封胶领域的领先地位。

如今，中国市场上的大部分有机硅建筑密封胶产品和密封胶生产专用设备都是国产的，硅宝公司无疑是其中的龙头企业。其产品不仅畅销国内，还远销欧美和中东。郭斌满怀信心地说：“我们的产品能出口到国外，说明它完全符合国际标准。”

参与北京奥运会工程是硅宝公司发展历程中一个重要的里程碑。该工程中有很多标志性建筑，如国家体育馆“鸟巢”等。这些建筑对密封胶的性能要求很高，需要具备防火、耐候等性能。国内只有硅宝公司的产品拥有多项专利，符合奥运工程的严格要求。为了能够拿下这张“贵价门票”，硅宝公司和美国某跨国公司展开了激烈的竞争。双方的产品质量不相上下，最终，硅宝公司的产品凭借着高性价比、本土化，以及更加周到的服务等优势，在竞争中胜出。

“我们和美国某跨国公司竞争获胜后，很多媒体说我们给中国企业争了光，但是，如果没有过硬的技术和高质量的产品，我们连竞争资格都没有。”郭斌认为。

▷▷▷川内第一家创业板上市企业

2008 年 2 月 18 日，是郭斌最为难忘的日子。这一天，时任高新区管委会副主任对硅宝公司的领导说：“国家要启动创业板，根据你们公司的科技含量、人员结构、增长势头，我认为上创业板非常合适，你们要积极准备。”

国家要启动创业板，但是相关事项还不清晰，企业也没有太强的意识。郭斌说：“当时，硅宝公司的各项经济指标虽然能够上中小板，但是几乎没什么希望。硅宝能够这么快上市完全得益于高新区领导的正确指导、建议和鼓励。”

在相关政府部门的支持下，2008 年 9 月，硅宝公司启动了创业板上市准备工作，开始与各中介机构接触。

成都高新区筛选了十几家重点企业作为创业板上市公司培养对象，并且专门成立了金融办来负责此事。硅宝科技在推进上市方面，各项准备工作都踏实、稳健、有序进行着，最后从这十几家企业中脱颖而出，成为第一批上报上市资料的企业。

2009 年 10 月 30 日，硅宝公司在创业板正式挂牌上市，成为四川乃至中国新材料行业第一家创业板上市企业。

在创业板的成功上市，对硅宝公司来讲具有里程碑式的意义。硅宝借此契机，将进一步推动公司全面提升，提高公司的综合实力，增强中国有机硅密封胶与国外品牌之间的竞争力，树立起中国有机硅密封胶在国际市场上的形象和品牌。

硅宝公司成功登陆资本市场，也掀开了跨越发展的新篇章。

▷▷▷不断创新

2018 年既是国家改革开放 40 周年，也是硅宝公司成立 20 周年。20 年时间里，硅宝公司从一家以生产制胶专用设备为主的创业公司，发展为业界名声显赫的领军企业。

已成为业界标杆的硅宝科技，可以说是硕果累累，但它并不满足于此。硅宝公司董事长王有治在接受新华社的采访时说道：“硅宝科技立足以有机硅材料为主的高分子新材料行业，重点拓展产品在建筑、汽车、新能源、轨道交通、工业防腐、锂电池等领域的应用，朝着有机硅材料国际知名品牌的目标不懈努力。”

就拿炙手可热的电子电器行业来说，电子产品已经成为人们日常生活中不可或缺的事物，而印制电路板是电子产品的重要组成部分，其稳定性更是判断电子产品好坏的关键。硅宝科技加大开发投入，开发出了“有机硅电子披覆胶”，此产品具有无溶剂、黏度低、粘接性能好、与加成型产品接触不中毒，以及“三防（防潮、防霉、防盐雾）”等性能优良的特点，大幅度提升了印制电路板的稳定性。2018年12月，硅宝科技“有机硅电子披覆胶”顺利通过了行业专家的权威鉴定，被认为技术创新性极强，性能已达到国际先进水平，填补了国内同行业的空白。目前，该产品已经广泛应用到电子通信、新能源汽车电池、太阳能光伏组件、充电桩等领域。

随着全球新能源汽车产业呈现爆发式增长，动力电池前景广阔。硅宝科技看到了这一趋势，在新能源汽车领域牛刀小试。企业潜心钻研锂电及相关电子电器领域所需的各类密封材料，斩获了“2018中国锂电行业年度竞争力”大奖，既助力了国内锂电行业的健康稳步发展，又标志着企业向新能源材料行业扩展迈出了重要一步。从过去到现在，硅宝科技高瞻远瞩，放弃短期盈利，重视长远利益，在稳中求进中成功扩张版图。

2019年，硅宝科技获批建设了四川省有机硅橡胶制备技术工程研究中心，并被评为工业企业知识产权运用试点企业。同年，硅宝科技新增了“汽车车灯用反应型聚氨酯热熔胶”“高比容量锂离子电池硅/碳复合负极材料”两项新产品新技术鉴定成果，均被鉴定为国际先进水平。另外，由硅宝科技牵头承担的“十三五”国家重点研发计划“新型功能性复合弹性体制备技术”项目，顺利通过了国家科技部组织的中期检查。硅宝科技认为，实施该项目无疑将提升我国橡胶产业的技术创新能力，促进产业转型升级，将推动有机硅行业在新领域的发展，为我国基础材料提升和产业化提供强有力的支撑。

迈普：用创新立命，用科技造城

北京时间2012年8月13日凌晨，伦敦奥运会圣火熄灭。但远在万里之外的成都，迈普却用产业创新之火延续着伦敦奥运圣火。

在伦敦奥运会期间，迈普作为西部唯一受邀企业前往伦敦进行深入考察，并将“入驻奥运城”纳入计划范畴。不过此次入驻的目的，不是拓展市场，而是挖掘创新“种子”，并助力具有市场前景的蓉城创业新秀走向更大的市场。

此次受邀企业涉及各行各业共计20多个板块，其中以IT产业、金融、创意产业居多，在科技板块中约有70%的企业来自硅谷。能与如此多世界级的知名企业同台而坐，迈普集团的创新实力可见一斑。据前往伦敦考察访问的迈普集团副总裁、迈普创投总经理花蕾观察：“在未来，伦敦奥运城将被打造成类似于美国硅谷的全球著名IT科技城，因此，他们需要聚集全球顶尖的创新力量来酝酿转型。”

▷▷▷自主创新立命

自1993年在成都创立以来，迈普集团早已成为“成都IT智造”的高成长企业。现在，迈普身上的荣誉越来越多，是国家重点高新技术企业、国家“863计划”项目承建企业、国家信息安全成果产业化基地、国家级数据通信中间试验基地、“火炬计划”15周年优秀高新技术企业、中国软件收入前百家企业、国家科技部认定国家“火炬计划”软件产业基地骨干企业、四川省企业技术中心。

在被问及集团经营发展的秘诀时，迈普人最常提到的两个字就是“创新”。对于迈普人来说，创新是立命之根本。

每年，迈普都会将15%的销售额用于研发投入，曾先后推出国内首创宽窄带一体化路由器、国内首个3G行业应用系统、国内最高性能电信级交换机及全球第一台多核开放式标准高端路由器等。

据统计，集团已经有十几项科研成果先后荣获中国工信部信息产业重大技术发明奖和四川省及成都市科技进步一、二等奖。目前，公司拥有研发人员400余人，其中60%具有硕士或硕士以上学历。

迈普从成都高新区起步，坚持创新，目前已具备完善的自主可控网络产品系列及解决方案，其相关技术和成果在国内处于领先地位并拥有国内外专利980余件。

▷▷▷打造创新孵化平台

作为率先成长起来的四川本土企业代表，2010年迈普还主动通过搭建科技创新孵化平台来保持创新力，这也是本土企业顺应国际IT业发展大潮流的一大举动。

这个扶持中小型科技企业发展的孵化平台，被称作“迈普创投”。迈普希望通过该平台来推动整个集团的发展。据了解，在平台孵化的多家企业都拥有各自的技术研发团队和创新产品，有的企业甚至创造了上千万元的产值。

一方面，迈普创投依托迈普集团的现有资源，帮助中国青年创业、初创企业创新并加速发展，为创业青年和初创企业提供包括资金、场地、技术、市场、人力、营销、管理、法律等在内的全方位培育服务，降低了创业者的创业风险和成本。如此一来，处于早期阶段的创业公司的创业成功率、科技成果转化率均能有所提高，能够实现顺利启动和快速成长。

迈普创投将目光投向TMT①领域，重点关注“智能服务”中机构与行业的智能化应用。多年来，该平台已经成功培育了一批创业者和科技企业。

另一方面，迈普创投还联合政府、风险投资机构、大学校园构建了“天使投资3.0”，即“产业化平台”与“开放式创新”相结合的模式。目前，平台在孵企业多来自3G行业应用、企业信息安全应用、幼教互动、物联网服务等领域，其中投资孵化的3G行业应用公司成立半年便实现了千万销售。

市场的需求千变万化，创业公司最害怕的事情莫过于研发的产品不能与市场需求相匹配。为了解决这个问题，迈普创投通过自身渠道，为市场需求方和初创公司搭建了沟通平台，帮助初创公司针对客户需求研发和定制产品，并帮助其开拓市场。

比如，迈普创投投资孵化过一家3G行业应用公司——成都欣点科技，在其项目创立之初，平台即为其搭建了需求沟通平台。通过充分的沟通，欣点科技针对客户需求，优化了自身产品功能。之后，产品一上市立马就被众多客户采用。

就在迈普默默创新之时，新的发展机遇也不期而至。

2014年5月，迈普通信在深交所披露招股书，计划闯关IPO②。

2015年9月，中国软件基于打造网络安全整体解决方案核心能力等考虑，入主迈普通信并占股42%，成为其第一大股东。目前，迈普

① TMT（Technology，Media，Telecom），通信术语，是科技、媒体和通信三个英文单词的第一个字母。

② IPO（Initial Public Offering），首次公开募股。

已成为中国主流的网络及行业应用解决方案供应商，其产品和解决方案大量应用于多个领域。同时，迈普的产品远销全球40多个国家，是南亚、东南亚、中东欧市场大型企业网络建设的主流品牌。在20多年的时间里，迈普用事实证明了唯有持续不断创新，才能持续不断进步。

尼毕鲁：探索手游“出海”道路

“这里是小人物们成就伟大事业的地方，这里的每一个人都励志将成都的想象力带给世界。”在成都尼毕鲁科技有限公司的招聘启事上，简洁而有力的话语让人印象深刻。

尼毕鲁拥有丰富的iPhone、Mac平台及其他移动平台的开发经验，崇尚开源文化。它得到了多家知名天使投资公司的青睐，是软银孙正义曾亲自面谈，并在5分钟内就决定要投资的团队，也是已经拿到经纬中国投资的团队。

它是国内最早从事苹果ios开发的团队之一，其产品多次被苹果官方推荐。这家平均年龄不到30岁、员工不过80余人的公司，开发出的《银河帝国》手游，一度超越《愤怒的小鸟》。2012年4月，《银河帝国》登上苹果App Store美国区收入榜第一名，刷新了中国游戏的新纪录。

尼毕鲁开发的游戏立足于全球市场，目前拥有来自全球100多个国家的数亿玩家，其中，来自境外玩家的业务收入占比超过80%，是游戏产品国际化程度最高的国内游戏研发及运营商之一。

▷▷▷专攻海外市场

众所周知，与国内手游市场相比，海外市场普遍具有较高的门槛，而且中西方文化的差异也让中国制作的游戏很难冲出国门、畅销海外，就连国内的游戏巨头腾讯也为此苦恼不已。但是，尼毕鲁却凭借优质的游戏内容，完美融合了中西方文化，成功打破了这个局面，向全世界的手游爱好者宣告，在位于中国西南腹地的成都，也有如此出色的游戏研发团队。

尼毕鲁科技2016年的招股书相关资料显示：2016年公司来自境外的游戏收入达54 169.22万元，占公司报告期内游戏收入总额的比例为80.19%。从市场地位来看，根据第三方市场统计机构App Annie发布的全球52家顶级手游厂商数据，按营业额排名，尼毕鲁2012年全球排名第52位，当期仅有两家中国公司上榜；2013年全球排名第37位，当期仅有5家中国公司上榜；2014年全球排名第45位，当期仅有7家中国公司上榜。它是唯一一家连续三年上榜的中国公司。这份殊荣连当时在国内凭借《王者荣耀》纵横无敌的腾讯集团，都未曾拥有。

游戏“出海”是该产业发展的一大趋势。尼毕鲁从成立之初就着眼于全球，致力于将公司打造成亚洲前十、全球前三十的跨国移动互联网巨头，把成都的想象力展现给全世界。

从2012—2014年，尼毕鲁在海外平台的游戏收入占到公司全部游戏收入的98%以上。尼毕鲁董事长杨祥吉认为最主要的原因在于海外用户更愿意付费。尼毕鲁科技有5%的团队成员是外籍人员，来自美、英、韩等国家，为游戏研发提供创意和文化支持，以减少文化“代沟”和冲突，使游戏在各国都能畅销。

杨祥吉曾在一次演讲时表示，目前竞争类游戏产品在全球范围每年约有2.7亿美元的市场，尼毕鲁占了5%左右的份额，如果再有3年时间，把ios和android平台加在一起，相信尼毕鲁可以在这个高竞争性的市场上做到10亿美元。

▷▷▷立下“军令状”，只为活下去

尽管在2012年1—4月间创造了千万元的商业价值，但这个崇尚创造的团体，创业的初衷却只是为了证明可以“活下去”。

2007年7月，尼毕鲁成立，毕业于电子科技大学的杨祥吉也从此踏上了移动互联网创业之路。2008年4月，尼毕鲁15人的创业团队正式成立。当时，杨祥吉等人只是希望存活下来。

公司先后做过外包、新闻客户端等业务，包括跨平台的谷歌阅读器客户端MobileRSS和全功能的Twitter客户端Twitbird。效益最好的时候公司月收入40万元。这个团队用两年时间证明了，在“苹果”市场中，中国人不仅可以存活，还能取得不错的成绩。

但他渐渐发现，由于公司各产品之间没有关联，新业务难以拓展。“我们做了很多尝试，所有新业务的尝试都失败了，公司收入持续下滑。”那段艰辛的日子，杨祥吉依然历历在目，他说：“团队人员流失非常严重，30人只留下3个人，看不到希望在哪里……”

不过，相对于多数“烟消云散”的创业企业而言，尼毕鲁是幸运的。转机出现在2011年1月，公司获得了经纬中国400万元人民币的投资。接下来，经过一个月的痛苦讨论，尼毕鲁经历了第二次大转型，开始研发游戏应用。

杨祥吉称，这是“做了一个很痛苦的决定”。在创业前，杨祥吉曾在跨国公司Gameloft成都分公司做产品经理。尼毕鲁的团队里也有很多重要成员来自 Gameloft，他们都有着比较深厚的研发游戏的背景。

“之前一直没有做游戏，是因为想不明白，为什么做游戏能够成功。”2011 年经纬中国的投资及新业务拓展受阻，杨祥吉认为尼毕鲁已经面临着生死转型，到了不做游戏不行的状态。

在决定转型做游戏后，杨祥吉为公司换了个名字，于是就有了此后的 Tap4Fun。

在“背水一战”的压力下，留下来的 3 个主管负责人都立下了“军令状”：如果项目延期，人人降薪 5%，并通过公司邮件告知全体员工。杨祥吉笑称，3 人果然“不负众望”，都被降薪了。

杨祥吉等人在接下来的半年里，除了睡觉，其他时间全部投入到了工作中。功夫不负有心人，“帝国三部曲”之《银河帝国》《海岛帝国》《王者帝国》系列游戏诞生了。

▷▷▷永续生长

或许是因为“舍得小钱”，之后尼毕鲁就开始了“赚大钱”。2011 年 7 月，尼毕鲁迎来了第一个转折点，6 月底游戏上线后，7 月 7 日获得了苹果中国区的推荐，一周之内就带来了十万次免费下载。杨祥吉至今仍清楚地记得那个给尼毕鲁带来幸运的日子。

从那天起，尼毕鲁就“开始撞上大运”。2011 年 12 月 28 日，在苹果 App Store 香港销售排行榜上，第一名是《银河帝国》，第二名是《海岛帝国》；2012 年 1 月，《银河帝国》成为苹果 App Store 中国区销售排行榜第一名；3 月3 日在中国区排行榜上，第一、第二名都是尼毕鲁的；自 2011 年 10 月上线以来，《银河帝国》已获得全球 7 个国家及地区 App Store 畅销榜第一。

据 App Annie 行业报告测算，2012 年 4 月，尼毕鲁营业收入高达

113 万美元，这意味着一天的进账额达到惊人的 24 万元人民币。2012 年 2 月，尼毕鲁在 App Store 开发商中排名第 30 位，而 3 月便上升至第 28 位。

尽管尼毕鲁已经在中国苹果应用程序开发商中排名第一，但是杨祥吉仍然保持着很清醒的头脑。

杨祥吉尼毕鲁转型做游戏后，将公司的定位思考得更加明确，那就是集中力量做社交类和竞争类的游戏。“不怕业务小，就怕业务不专一，在一件事情上做到极致，就不怕不成功。”对于杨祥吉而言，重新创业时更加注重产品之间的关联性，“风格、文化、题材等元素既可以做社交类产品，也可以做竞争类产品，这就是我们的定位”。

偶尔打坐冥想的杨祥吉希望尼毕鲁的发展像一棵树而不是一片草，**“如果公司业务是草，一年一生，今年播种就能收获；如果公司业务是树，可能今年播种却没有收获。但我们做新业务规划和战略转型时，希望有自己的基因和定位，要像一颗图钉一样，在一件事上一扎到底；要像一棵树一样，可以慢一点，但一年比一年茂盛，能够持续地成长。”**

这样的想法同样也在杨祥吉的微博中有所体现：“在移动游戏领域，经得起时间考验的公司不太多，常常有黑马冲到第一名的位置。但 6 个月后还能不能行？后续产品能不能行？这才是关键。国外有 Storm8、Funzio、愤怒小鸟等公司，经过了至少一年时间的考验。国内的移动游戏开发商，大多数还没有经过时间的考验。个别产品虽成功但不能忘形，持久能力才是关键。”

▷▷▷游戏扎堆软件园

国外权威机构 Canalys 的一份报告显示，2011 年全球智能手机出货量首次超越个人计算机，标志着2011年成为“移动互联网元年”。同时，摩根士丹利也发布报告认为，美国移动互联网产业未来的规模将是目前桌面互联网的10倍。在移动互联网巨大的市场面前，小微公司和巨人公司第一次站在同一起跑线上，地处内陆的成都也迎来了一次前所未有的产业机遇。

作为IT专业孵化器，天府软件园创业场主要吸引移动互联网领域的初创型创业公司或团队入驻，提供包括创业所需的基本工作设施、技术装备、专业培训、创业导师及天使投资等在内的全方位的孵化服务。

事实上，在尼毕鲁“帝国三部曲”的诞生地——成都天府软件园创业场，孵化出的成功产品不在少数，包括安卓市场全球Top10的优聚科技塔防游戏、中国“优化”第一人鲁锦研发的“鲁大师”、唯一荣登*PC World*全球“2011年度最佳科技产品TOP100”的手机摄影软件Camera360、苹果App Store图像处理软件分类全球Top10的成都恒图英文图片处理软件、连续一周进入中国地区App Store Top10的成都环游科技手机游戏《钢铁青蛙》、下载量超过500万的一站式幼教内容图书馆“铁皮人”和拥有300万忠实用户的英语教育类领先品牌“记英语”等。

同样，作为国内移动互联网产业的核心聚集地之一，成都高新区将移动互联网产业作为优先发展的重要战略性新兴产业，利用其产业环境、科技资源、人才储备、产业链等优势，从产业规划、产业政策、载体建设、市场应用、人才培养等方面着力培育和发展移动互联网产业。2017年3月，在中国质量认证中心进行的区域品牌价值评估结果中，成都天府软件园的区域品牌价值高达415.62亿元，仅次于北京中关村和上海浦东软件园。凭借无可争议的实力夺得了“中国骨干软件园区第3名”。目前，天府软件园已成为中国西部新一代信息技术产业创新发展的重要载体、西部创新创业的核心聚集区，是成都高新区打造国际创新创业中心的重要基地。

在第六届四川互联网大会上，杨祥吉在与创业者分享尼毕鲁的创业经历时，特别感谢了成都高新区与天府软件园创业场给予的支持和帮助。“这 5 年来，成都市政府和成都高新区引进了众多国内外知名网游产品，既为成都的创业土壤注入了活力，也带来了新技术、新理念。”

2020 年 1 月，成都尼毕鲁科技有限公司更名为成都创人所爱科技股份有限公司，并投资乐狗科技等公司。

新网银行：连接互联网金融，创造“未来银行”

2016年12月27日，是新网银行面世的日子。新网银行成为继腾讯微众银行、阿里网商银行之后全国第三家新一代互联网银行，同时也是中西部首家互联网银行。

互联网银行一般来说是以定制化的金融服务为主，新网银行也是如此，不仅能够为企业运作提供资金，还能为个人的小额提前消费提供保障。这家“非典型银行”的成立，着实让许多创业者看到了生存、壮大的希望。

让人意外的是，这家银行的发起者来自不同领域，其中最具代表性的是新希望集团、小米科技和红旗连锁。是一股怎样的力量将这些企业吸引到金融行业？这其中又有着怎样的一段故事呢？

▷▷▷三足鼎立

从新网银行的负责人那里得知，这一切起源于新希望集团的董事长刘永好。3年前，四川省政府金融办的相关人员找到刘永好，希望由他牵头申报成立一个民营银行。但刘永好当时是民生银行的第一大股东，又是副董事长，由他牵头进行审批是有障碍的，于是此事便搁置下来。过了一年，四川省政府金融办再次找到刘永好，那时他已不再是民生银行的第一大股东。于是，他便牵头做起了民营银行的项目。刘永好找到了小米科技的董事长兼 CEO 雷军，雷军很高兴地告诉他："很多人提出希望组建银行，我了解你、信任你，愿意跟你一块做。"于是刘永好和雷军作为主要发起人，筹集了 30 亿元资金。这其中，新希望集团出资 9 亿元，占股 30%；小米科技通过全资子公司出资 8.85 亿元，占股 29.5%；红旗连锁出资 4.5 亿元，占股 15%。

就这样，新网银行成立了。

新网银行的总部位于成都市高新区天府三街新希望国际大厦。为什么选址高新区？面对这个问题，新网银行党委书记、执行董事江海是这样说的：

"高新区是创业的一片热土，这里的企业比较集中，技术型的人才比较多。新网银行作为新金融企业，也是一颗金融科技的种子。我们作为第一批创业者，作为手捧这颗种子的人，希望把它播种在一片肥沃的、充满希望的土地上。之前我在高新区做考察评估，认为这里是适合创业的。用我同事的一句话来形容'从天府一街到天府五街，空气中都弥漫着创新、创业的味道'。"

▷▷▷打通流量入口

"2017 年既是我们的开业之年，也是奔跑之年。"江海这样说道。

我想要用一组数据来说明新网银行 2017 年"奔跑"的成绩：仅 2017 年，新网银行就积累了 1 000 万用户，共计放贷 400 亿元，申请专利达 40 项。

这些成绩的确是"跑"出来的。据江海介绍，2017 年新网银行的部分业务部门平均出差时间在 150 天以上，出差最多的员工甚至有过一日踏足三城的经历——凌晨在成都，早间到了北京，下午又动身前往上海。后台部门也并不轻松，为了保证一些功能准时上线，有科技人员创下了21小时不间断上机的工作记录。

每一个互联网产品都需要大量的流量来维持生计，因为流量意味着转换，大量的流量能够保证每天都有足够高的转换率，这正是新网银行最需要的东西。阿里巴巴的网商银行有淘宝（购物场景）、支付宝（支付场景）作为流量入口，腾讯的微众银行有微信（支付、社交场景）、QQ（社交场景）提供巨大的流量支持，而纵观新希望集团、小米科技、红旗连锁等股东都没有足以对抗另外两家互联网银行的庞大流量，但是新网银行正站在风口上。

近几年，点对点金融（P2P）模式十分火爆。一方面，部分平台的违规操作现象受到了相关部门的整顿整治；另一方面，现象背后也显示出全国存在大量有借贷需求的群体，并且群体人数还在日益增长。或许由于传统银行审批杂、流程慢、放款难，许多个人和中小企业都愿意在互联网上拿到一笔“便捷”的资金。这就是风口，P2P的出现带出了一个庞大的群体，新网银行只需要让他们知道哪里能够安全快捷地借到合法、合规的资金即可，无须费时搭建一个流量入口。

江海将新网银行的获客方式用非常简洁明了的语言描述了出来：“我们获取流量的模式叫作零售业务的批发化，全国所有愿意向我们开放流量的渠道我们都会去对接，并在他们的特定场景中开设一个新网银行的贷款‘专柜’，通过这个方式我们形成了面向全国B2C①的获客方式，通过B端批量接触C端。”

在解决了流量入口这一所有互联网产品都要面临的难题后，新网银行开始加速发展。

---

① Business to Channel to Customers（商家—渠道—顾客）。

▷▷▷零售业务模式创新

银监会只给新网银行批了一个网点，在传统意义上，新网银行就是一家开在城市中的单网点村镇银行。这样的情况让其无法吸收存款，于是新网银行果断放弃了以吸收存款来回笼资金的方式，而是以零售业务的银团化解决了资金方面的问题。

什么叫作银团化？当大型企业需要几亿元、几十亿元、几百亿元量级的贷款时，单家银行是做不了的，于是便有两家或者多家银行组成银团为其提供贷款。这种银团化模式只会在 B2B① 且超大额贷款的情况下才会被使用。

那么新网银行的零售业务银团化该如何理解？江海举了一个十分形象的例子："有一位青年需要 500 元贷款，只借一天，我们能把这笔贷款做成两家银行提供的银团贷款。500 块钱且只借一天，一般的银行是不会做的。我们新网银行可以做，并且拉着另外一家银行一起做。"新网银行没有那么多负债来源，但是获客和风控的能力突出。于是新网银行提供技术，其他银行提供资金，一起对这笔小额借贷提供银团化的贷款，这就是"零售业务银团化"。

既然提到了风控技术，就不得不提到新网银行在业内突出的技术实力。假设一个用户打算使用新网银行的自主产品"好人贷"借款，在输入基本信息后，后台系统会调用 100 多个合规数据接口，来对用户进行综合分析决策，以完成授信服务。

不管是传统银行还是新型银行，其核心均在于风险控制。新型银行在进化中，运用人脸识别、指纹设备、生物探针、星网关联等技术

---

① B2B 指企业对企业，为 Business to Business 的简称。

与手段，与传统银行的风控方式产生了巨大的差异，在大数据、云计算、人工智能等金融科技的支撑下逐渐演化成“智能化”的风控决策模式。新网银行 99.6%的信贷流程是由机器进行审批，只有 0.4%的大额度信贷和可疑交易才会进行人工干预。

2020 年 9 月，苏宁金融与新网银行就“数字供应链金融”业务达成深度合作，双方将依托数据风控等金融科技，通过全数字化的业务模式，共同服务苏宁产业生态内的数十万家中小微企业，为供应链企业提供便捷、安全、普惠的金融服务。

▷▷▷高新区助力企业发展

新网银行的高管和员工有一半以上来自“北上广深”，这些人才紧随企业的脚步，把自己的家安在了成都。高新区为新网银行的人才提供了一揽子优惠政策，比如人才落户、人才专项奖励，高层次人才子女入学、特许购房、办公区的房租补贴，等等。高新区为企业细致入微的考虑，为新网银行解决了企业发展的后顾之忧。

在吸引人才方面，高新区作为成都汇聚高新技术企业的主要聚集地，正在吸引越来越多的高新技术人才“进驻”。新网银行的员工甚至发出了“这里可以媲美硅谷、中关村”的感叹。

另外，在新网银行的发展过程中，高新区专门为其配备了一名“企业管家”，以一站式解决新网银行的所有需求。这样的政务服务“不请不到，有请必到”，平日里“企业管家”不会主动上门打扰，但一旦有需求，就会立马响应，高效解决企业难题。

四川新网银行作为科技与金融融合的新型银行，其发展离不开高新区的积极配合与扶持。相信在这样的环境下，新网银行在前进的道路上会越走越迅速、越走越轻松。

极米科技："消灭"电视屏，开创新品类

2011年，中国液晶电视机的市场规模大约在4 000万台以上，虽然整个市场的体量很大，但是发展缓慢。

这一年，一位爱"折腾"的技术男钟波辞去了年薪百万的工作，回到成都，思考着未来电视机的出路，于是他带着团队，开始了"无屏电视"的研发工作。虽然在当时，这个词汇还不为世人所知，但是刚刚回到成都创业的钟波，坚信自己找到了"颠覆传统电视行业"的路子。

▷▷▷"无屏电视"创意初现

故事可以追溯到2011年以前，彼时的钟波已在知名电视芯片公司Mstar工作了近10年。从刚刚加入公司时的十几个人，到成长为全球电视机芯片行业第一名，钟波与Mstar一起经历了从CRT电视到液晶电视，再到多媒体电视、互联网电视的整个发展过程。作为一名技术研发人员，钟波不禁在思考，未来世界的电视机应该是何种形态？

他曾设想未来的电视机，或许根本没有实体屏幕——屏幕无处不在，可大可小。不过真正让他灵光一现的，是观看了iPhone5概念视频中的一个场景。画面中，用户拿起手机，滑动手指，前面出现了虚

拟键盘；输入内容，又出现了一个巨大的投影屏幕。这正中钟波下怀，“未来的显示设备应该是无屏的”。

“将投影仪智能化，用户可以在线观影，且不需要插入U盘或者连接其他设备，同时还可以集合音效等其他功能。”沿着这条思路，钟波在脑海中渐渐勾勒出了“无屏电视”的雏形。

这一想法，在当时简直是异想天开。研发一款尚不存在的产品，能不能成功还是一个未知数。离开占据科技和供应链优势的深圳，回成都创业，看上去似乎并不是明智的决定。

但是钟波还是坚定了回川的想法：“成都虽然在供应链资源上比不过深圳，但是远离风暴，团队可以潜心做研究。”他把之前赚的800万元全部投了进去，在成都郊区租了一套三层的清水房，一楼做硬件测试，二楼编软件，三楼睡觉。钟波把这段经历称为“硅谷式的车库创业”。当时洗手间连马桶都没有，只有一个洞，钟波和他的团队睡架子床，仿佛回到了学生时代。他们约定，在产品没有面世前，每人每月只拿3 500元的工资。

▷▷▷极致思维成就爆品

极米科技于2013年11月正式成立，第二年研发出了第一台无屏电视机Z3。但为了能开发出满足用户需求的产品，极米团队在公司成立前一年半的时间里，就建立了用户论坛，通过和用户交流来确定产品的大致形态，这个过程并不简单。联合创始人兼首席运营官肖适回忆，当时的极米只能一边研发，一边和用户讨论，完全是“摸着石头过河”。在做Z3时，团队设计了4款造型让用户选择。测试阶段，团队的工程师动手组装了第一批共70多台工程机寄给用户测试。

极米的用户思维，还体现在对产品的极致追求上。极米曾经研发了一款产品，并已开模生产了上千台。但是，钟波认为这虽是一款合格的产品，但不是一款极致的产品，坚持要用锤子砸掉。在这款产品上倾注了太多心血的员工请求买回家作为纪念，被钟波拒绝了。而在生产另一款产品 Z4Air 时，钟波为了追求极致轻薄的效果，废掉模具重新设计，仅仅是为了再减少产品 1 毫米的厚度。

钟波在采访时表示："之所以能走到今天，完全是因为团队对产品的专注。我们是做技术出身的，既不懂品牌，也不懂销售，我们的优势就是研发。"

当极米率先进入这个领域后，不少跟随者也看到了这块市场的发展前景，一时间，更多"玩家"加入，市场竞争变得激烈起来。正如钟波说的那样，自己不擅长营销，只能继续带领团队专注在最擅长的研发上，通过创新和构思，尽快推出下一代更具竞争力的产品。2015 年极米 Z4X 发布，团队在兼顾产品的亮度和散热的同时，还打破了外观设计的传统思维，这一系列优势给品牌带来了很大帮助，销售渠道也一步步打开了。Z4X 上线京东众筹后，受到热捧，成为京东众筹史上第一个获千万元筹资的家庭娱乐产品。

2015 年"双十一"时，极米的 Z4X 仅一天时间就售罄。公司的产能虽然每年都在翻番，但是依然不能满足不断增加的销售量。为了解决这一问题，极米科技开始挨个拜访一线供应商，为此花费了不少心血。为了能与给奔驰、宝马供货的哈曼卡顿建立合作关系，钟波每天都到对方公司询问对方领导的日程，最后终于换来了 10 分钟的交流机会。极米团队前前后后花了半年的时间，才完成对供应链的梳理和优化。

在 2012 年回川创业之时，钟波备受质疑。这些质疑一方面来自尚不明确的产品形态，另一方面则来自对供应链的担忧。钟波选择回川，不仅是因为看中了成都的潜力，还因为他想为改善成都的创业环境做些努力。目前极米科技已经积累了许多优质的供应商资源，钟波希望能通过极米科技将他们聚集在成都落户建厂，进而形成制造硬件的有利局面。这样“新的创业者，便可以不用走我们的老路”。

▷▷▷打造完整产业链

2018 年 5 月 15 日，极米召开春季新品发布会，除了发布最新款无屏电视 H2、H2 Slim 外，还发布了激光电视皓 · LUNE。据称，这款激光电视的整体设计如皓月般流畅，摆在家里就像是一个艺术品。它采用投射比为 0. 25：1 的超短聚焦设计，只需离墙 16. 5 厘米就能投放 80 英寸的画面，离墙 27. 7 厘米可投射 100 英寸的画面，最大可投射 150 英寸的巨幕。其拥有出色的画面亮度表现，不管是白天还是黑夜，只需一面白墙，就可以获得影院级的高清视觉享受。

“如果说无屏电视是以家用第二台或第三台电视机的身份出现，那么激光电视的目标则是为了真正替代客厅里的传统电视机。”

不过激光电视机的价格一直居高不下，让“替代传统电视机”无从说起。而极米推出的皓 · LUNE 将价格降低到万元级（售价为 12 999元），试图将这类产品普及到大众消费者中。

而极米并不将自己局限在硬件公司的定位上。钟波及其团队想要打造的还包括基于无屏电视机的内容平台。目前，极米已拥有超过百万的终端，在终端平台上已经聚集了电影、音乐、演唱会、游戏、教育和购物等丰富的内容。极米 2018 年第一季度的内容运营增长超过 288%，通过内容收益反哺硬件板块，再加上不断优化的供应链，极米的产品得以做到同价位品质更优，同品质价格不贵。

2018 年 3 月，极米宣布获得超过 6 亿元的 D 轮融资，由百度、经纬中国、四川文化产业股权投资基金、赛领资本等机构联合投资。极米科技的估值也达到了 30 亿元。百度之所以斥巨资入局无屏电视，也是看到了该领域能为用户提供更丰富的多媒体内容和网络功能，并容纳更多形态。

同时，极米联合百度成立了 AI 无屏实验室，以增强产品的交互体验。2014 年，极米在成都成立了第一个光学实验室，目前该实验室已获得超过 400 项专利。这些专利技术不仅将应用于无屏电视的研发和迭代，还将应用于更多未来的支柱产业中。比如，智能汽车需要摄像头去捕捉道路和障碍物，未来 AI 的趋势会是全息投影，而要实现这些，其中很重要的一项就是基础光学。

2019 年 8 月，极米科技推出了三款智能投影新产品：极光 RS Pro、H3 和 Z8X。同时，极米还发布了基于投影技术的成像特点所研发的 X-VUE 画质引擎和迭代进化的 GMUI 3.6。此次新品发布被业界称为“智能投影”创新革命的又一次质变。国际数据公司 IDC 发布的《IDC 2019 年第四季度中国投影机市场跟踪报告》显示，2019 年极米科技出货量达 67.6 万台，市场份额占比达 15%，稳居中国投影机市场第一的宝座。

2020 年 9 月 29 日，上交所科创板上市委 2020 年第 85 次审议会议召开，极米科技首发上市申请获得通过。

极米科技是成都市 2020 年来新增第 12 家上市、过会企业，也是成都市 2020 年新增的第 6 年科创板过会企业。

然而，极米科技并不满足于此，它的目标是在 3~5 年从“中国第一”变成“世界第一”。极米科技正在一步一步接近这个目标。其业务已拓展到北美、欧洲等重点市场，并与美国、英国、澳大利亚、马来西亚、新加坡、印度和日本等国的顶级分销商达成了合作意向。这款来自成都的无屏电视，正在让全世界的消费者尽享大屏娱乐生活。未来，极米将在成都打造一个基础的光学产业，成为一个“硬件品牌+内容平台+基础光学产业”的公司。

Blaze New Trails

创新篇

产业是先导，城市是载体。成都，在立体构建产业链条、奋力发展新经济的同时，也依托自身丰富的自然资源，建设起美丽宜居的公园城市。在成都，梦想可以被照亮，多元文化可以被包容，工作和生活可以相互平衡、融为一体。这是一座蕴藏无限机遇与活力的城市，一座真正来了就不想走的城市！

第五章 成都之变

成都人的幸福感来自这个城市的每一份美好，这些美好来自升腾的烟火气、美丽的风景、宜居的生活，还有为梦想提供的养分。包罗万象的成都给了生活一万种可能。

创新激发活力，开放拉动增长。成都市目前正在主动融入国际国内“双循环”新发展格局，在拓展国际循环的同时，持续深化供给侧结构改革，促进国内大循环，助推新经济，全力打造高质量发展的增长极和动力源。

▷▷▷产业与城市

西部大开发20年来，世界经济格局正在发生深刻调整。四川省成都市，把握城乡统筹实践与发展高端产业的契机，并结合城市自身的特色，吸引了众多世界企业巨头们的关注，激荡出了前所未有的投资热潮，爆发了不可估量的发展潜力。

中央政策研究室、国务院发展研究中心的专家称，成都走出了一条内陆城市科学发展的路径，**“改革开放前三十年的样板看深圳，后三十年的样板看成都”**。

2020年5月17日，中共中央、国务院印发了《关于新时代推进西部大开发形成新格局的指导意见》，提出贯彻新发展理念，形成大保护、大开发、高质量发展的新格局。

作为一个西部内陆城市，成都何以吸引英特尔、戴尔、富士康、仁宝、台湾奇宏等国内外知名企业进驻？成都何以在全球金融危机和汶川特大地震的双重压力下，实现“变道超车、直奔高端”？成都为何能在互联网行业奋起直追？作为众多重点项目的承载地，成都高新区为何能在招商引资、产业化发展、规模经济、可持续发展、知识创造与孕育创新能力等方面都位列全国高新区第一方阵……

成都，这个曾因国宝大熊猫而闻名的中国西部城市，为何能在世界产业转移和经济格局调整的过程中脱颖而出？本章将从经济学和政府的双重视角，以相关案例和模式为切入点，更纵深地在新背景下解读“产业与城市”的关系。

产业与城市到底是何关系？可谓仁者见仁，智者见智。但不可否认的是，每一次产业的变迁都为人类社会发展带来了全新动力，而各个城市的历史积淀、文化氛围、演进历程等则为产业发展打上了鲜明的“烙印”。

从某种程度上来看，城市的发展决定了其产业的环境和基础；而产业发展不仅代表着城市未来的发展方向，还给城市带来了深刻的产业逻辑。

改革开放40余年，中国经济走过了西方国家两三百年的路，GDP超过日本成为世界第二，创造了海内外热议的“中国模式”。原因何在？毋庸置疑，这也是产业的力量。

不管是西方两三百年的发展历史，还是中国改革开放40余年的实践，都可以证明城市化、城镇化进程的加快是国力提升、经济繁荣的体现，而文明的演进则是以城市化、城镇化、工业化、信息化来推动的。如何促进城市经济的发展，就在于如何选择产业发展的路径。

按照习总书记的指示和要求，成都要发展成为特大中心城市，需要加上产业的支撑，才能发展得更好。产业是力量、动力、推手，与城市的发展互动互补、和谐交融。

近几年成都在“变道超车、直奔高端”的发展道路上找到了感觉。成都前些年所做的工作实际上可分为两部分，一方面，按照“全域成都”的规划理念推行统筹城乡综合配套改革试验，从教育、就业、医疗、社会保障和户籍等方面“破冰”，从而初步弥补了城乡分割“二元”体制的巨大裂痕，努力营造了“人在园中、城在园中、园在城中”的良好外部环境，建设与之匹配的软硬件设施。另一方面，成都在打造外部环境的过程中，把高新技术产业、现代服务业、新兴产业、低碳环保产业、高端制造业等作为招商引资和产业发展的主导方向。相比国内其他城市，成都具有市场辐射能力强、产业发展配套好、物流交通便捷、人才资源丰富、环境宜居宜业等优势，这使成都成为国内外产业转移的优选城市。

成都近些年所做的工作是对上述发展与实践模式的再升华，这体现在：第一，成都依托丰富的自然资源，于2018年3月明确提出建设美丽宜居的公园城市，并编制了《成都市城市总体规划（2016—2035）（送审稿）》。第二，在产业方面，成都逐步规划了未来新经济的发展方向，即“六大新经济形态”——数字经济、智能经济、绿色经济、创意经济、流量经济、共享经济，和“七大应用场景”——大力提升服务实体经济能力、大力推进智慧城市建设、大力推进科技创新创业、大力推进人力资本协同、大力推进消费提档升级、大力推进绿色低碳发展、大力推进现代供应链创新应用。

正是准确的产业演进脉络与城市发展定位，使众多城市都在“争抢”的国内外重大产业项目接连落户成都。对电子工业企业的引入让成都迅速成为IT之城，并吸引了大量的上下游配套企业迁址入驻。成都人力资源丰富、交通运输便捷，为电子工业企业营造了一个舒适的发展环境。

据四川省经济和信息化委员会的官方文件，2019年，四川省电子信息产业主营业务收入顺利实现超万亿元目标。

对于其他高端产业，例如生物医疗、运输载具制造等，成都附近的德阳、绵阳拥有航天工业部件生产的基础，可谓近水楼台先得月。只需通过便捷的交通系统，就可以快速地完成原料、零件的补给，为企业节省供应链成本。

成都互联网企业的发展也在与时俱进。2008年腾讯入驻高新区，成都高新区成为西南地区的互联网中心。紧接着华为、新浪、京东等都在成都落户，这些企业将研发部、技术团队悉数安置在成都，除了可降低研发成本外，更重要的是看好成都的人才资源。

▷▷▷成都的吸引力来自哪里？

究竟是什么优势如巨大的磁力吸引了国内外企业的关注？究竟是

什么力量为成都这座千年古城注入了生机，使其焕发新颜，并成为《福布斯》榜上未来10年发展最快的城市之一呢？

《福布斯》（中文版）总编周健工称，成都拥有很强的工业发展基础，同时，成都的电子信息产业与创意产业在全国范围内具有相当大的影响力，这些都成为成都发展的原动力。

现代的高端产业和产业高端化为成都带来了机遇，高新技术产业、高端现代服务业、低碳环保产业、新兴产业等为其带来了革命性变化。区位环境、政策优惠、人才成本、产业配套、基础设施、市场潜力、政府服务等影响因素无疑也是让国内外巨头企业“扎堆”成都的原因。

经过改革开放40余年的发展，各地已经充分认识到人才、政策、软硬件环境、政府服务等要素对招商引资的作用，并铆足劲儿下功夫，各个城市在这些方面的差距正在缩小。改革开放初期所提及的优惠政策、劳动力成本等已经不是这些企业落户成都的最主要因素了，综合竞争优势才是最为重要的原因。

▷▷▷“T”形经济带轮廓初现

从过去几年的数据中可以看出，中西部地区省份增速位列全国前茅已经成为一种常态。与此同时，一些东部沿海省市的经济增速开始出现明显下降。2011年，天津市地区生产总值增速达16.4%，2016年，达9.1%，排名全国第四。然而，从2017年开始，天津市地区生产总值增速陡然放缓，仅为3.6%，跌至全国最后一名。2018年，这一数据保持不变。虽然这仅为个例，但是东部沿海地区经济增长放缓已成趋势。

东西部地区发展的不平衡与不均衡恰恰蕴含着巨大的发展潜力，

中国西部经济一体化趋势出现，“T”形经济带轮廓初现。随着我国经济发展中心由东部沿海地区向中西部内陆地区渐次过渡，深居内陆的成都、重庆、西安、昆明的经济发展速度引人注目：成都、重庆、西安先后被定位为国家中心城市，昆明也成为区域经济发展的龙头。如果横向把成都、重庆相连，再延伸至贵州、湖南，纵向把西安、成都和昆明相连，那么一个从西北向东南倾斜，直接覆盖中西部几省和一个直辖市的“T”形经济带就会显现。

从相关统计结果来看，近年来“T”形经济带已经成为中国内陆最具活力的经济带，成为与沿海三大经济圈（京津冀、长三角、珠三角经济圈）并驾齐驱的中国经济“第四极”，极大地推进了西部经济一体化，并和国内外经济高频互动，增强了中国经济的回旋空间和能力，对推动经济社会的均衡发展产生了十分重要的积极影响。

“会展+”：阔步迈向“国际会展之都”

会展是一座城市的“名片”，被誉为“触摸世界的窗口”和“产业发展的加速器”，是连接世界的桥梁、创新发展的引擎，可以形成跨产业、跨区域的信息流、资金流、物流和人流。中国会展经济研究会发布的《2018年度中国城市会展业竞争力指数报告》显示，成都再次入选了“2018年度中国最具竞争力会展城市”，并连续两年位居全国第四、中西部第一，仅次于上海、北京、广州。

会展国际化成为推动城市国际化的重要一环。目前，成都会展经济已从国内走向国际。2019年，荷兰皇家展览集团、上海万耀企龙展览有限公司、意大利展览集团集体宣布正式进驻成都；法国智奥会展集团与成都签署战略合作协议；瑞士迈氏集团来蓉调研；中欧国际会展业合作圆桌会发布了《中欧会展业合作成都倡议》，决定将成都作为欧洲会展企业、机构拓展中国西部会展市场的“首要登陆城市”……西部会展经济发展劲头十足。

2020年年初，会展行业受疫情影响遭到冲击。数据显示，疫情期间，成都市取消或延期的展会和节庆活动达上百个。但这并没有阻挡成都构建会展经济产业生态圈的步伐。2020年4月1日，会展经济产业生态圈建设工作推进会议（以下简称“推进会”）在中西部国际博览城召开，成都市博览局相关负责人表示，“成都市将会展经济产业生态圈列为全市14个产业生态圈之一，充分说明了会展经济在新兴服务业中的重要地位和作用”。

成都会展经济产业生态圈已初步形成：天府总部商务区突出成都会展的“主干”引领；天府农博园以“农博引领+乡村振兴”，聚焦以乡村为场景的新经济产业；李冰文化创意旅游产业功能区以融创会议中心酒店群为支撑，加快国际会议和会奖旅游①的目的地打造。成都市博览局相关负责人认为，疫情的出现正在迫使整个会展行业加快数字化发展和跨界融合，也为会展业发展注入了新动能。成都目前已出台《促进会展产业新经济形态发展的实施意见》，将大力发展会展“新基建”，推动人工智能、5G、大数据、LBS（基于位置的服务）、物联网、VR/AR（虚拟现实与增强现实）等科技手段在会展领域广泛应用。

成都将继续通过西博会、农博会、欧洽会等重大活动组展办展，利用国际商会、重大展会活动，带动区域内相关企业走出去，拓展实体经济产业链和市场范围，提升会展经济竞争力。

▷▷▷西博会中的城市进阶史

在互联网兴起之前，国内企业唯有通过展会与论坛的形式将企业和投资方汇聚在一起，才能让企业与企业、企业与投资方之间实现更精准的接洽，从而达到促进经济发展的目的。西博会的举办至今已经促成了总金额高达数万亿元的投资和合作项目，其对西部的经济发展有着举足轻重的作用。

自2000年举办第一届西博会以来，西博会在20年的时间里经历了三个不同的阶段，这三个阶段都有其明确的目标和定义，从最初的

① 会奖旅游，即会展与奖励旅游，包括四大部分：会议、奖励旅游、大会、展览。

转换剩余经济，到如今的生活、科技、商业盛典，西博会最终成了国家级的大型涉外论坛和展会。

2007—2017 年这 10 年间，成都的地区生产总值增长了近 44 倍，绵阳、德阳、宜宾等城市经济一直也在保持着稳定的增长，这些城市为四川整体经济的平稳发展起到了不小的推动作用。

如今的西博会已经不再局限于中国西部的优秀产业。从 2007 年第八届西博会上英国、捷克、巴西、意大利首次设展后，越来越多的国家加入了这一盛会。这些国家设展的原因也很简单，他们需要一个能够向潜力十足的中国市场展示其高新技术的平台。随着越来越多的国家加入其中，西博会对世界的影响力和号召力也越来越强，举办历届西博会的成都也成为万众瞩目的中国西部核心城市。

西博会让世界认识了成都，而随着“一带一路”的推进，成都也成为中国进入西亚及欧洲市场的出发点。在国内经济转型力度加大的宏观背景下，成都作为新一轮向西开发开放的枢纽，吸引了世界 500 强企业中的 255 家企业前来投资兴业。产业转移及高端产业的总体定位成为推动全市经济高速增长的主要因素，尤其是高新区的电子信息产业和汽车产业方面。这一切奠定了成都“西部产业第一城”的地位。

可以看到，每一届西博会都有一个主题，从“与世界接轨”到“中国西部·世界机遇”再到“开放创新·合作共赢”，我们能够体会到西博会的成长历程。从接轨到世界机遇再到新时代，“西部大开发”与“一带一路”为西部经济发展带来了一个又一个的高峰。第十八届西博会除了有往届参展的各国外，还有新加入的阿根廷、乌拉圭、秘鲁等南美国家，东盟 10 国以及南亚 6 个主要国家悉数前来，韩国与日本两国也在不断地扩大参展面积。

为了向投资方和各企业展示一个现代化的城市，成都一直在大力整治、规划交通和环境，给有意向入蓉发展的企业留下了深刻印象，真正实现了西博会“共办、共享、共赢”的办会初衷。相信这些企业能够在这里找到令其动心的投资理由。

西博会这个原本只为西部争取剩余经济资源的论坛，已然成为展示全球经济的盛会。西博会能带来的经济收益已经远远超出了创立之初的期望，如今的西博会不仅是中国西部的盛典，更是一场全世界的盛会。未来，西博会还会带着“一带一路”的成果继续刷新其辉煌的成绩，成都、四川和中国西部地区的经济也会随之蓬勃发展。

▷▷▷欧洽会：连接欧亚丝绸之路

中国第一次向西探索，是在西汉时期。张骞奉命出使西域，从汉朝都城长安出发，过玉门关一路向西，经楼兰至疏勒，最远到达今天的里海沿岸。虽然当时张骞距欧洲仍有很长一段路，但是后人却沿着他的足迹，走出了一条横跨欧亚大陆的“丝绸之路”。

2006年，欧洽会来到中国的第二次活动选址——成都。此后，它再也没有离开过这里。2014年，欧洽会的主题是“东西携手——共启新丝绸之路”，从举办效果来看，“新丝路”已入佳境。欧洽会这一平台，全面推动了中国西部地区与欧洲在投资、贸易、科技、文化等方面的交流合作，树立了中欧互利共赢合作新标杆。

▷▷▷从成都出发

2013年，中国提出“一带一路”倡议，依靠中国与沿线各国的双多边机制，借助既有的区域合作平台，积极发展与沿线国家的经济合作伙伴关系，共同打造互信互利的人类命运共同体。这条贯穿了亚欧非大陆的经济合作带，一头是活跃的东亚经济圈，一头是发达的欧洲经济圈，横跨了世界上面积最广阔、人口最多的大陆，中间广大的腹地国家经济发展潜力巨大。

成都作为“一带一路”中的重要城市，拥有2 300多年的建城史，自古以来就是丝绸之路的汇集地。蜀锦、川茶等物资曾源源不断地从这里流向西亚与欧洲。2015年开通的蓉欧快铁（成都—罗兹）更是将成都和欧洲紧密地联系在一起。这条线路全长9 826千米，运行时间不到11天，是国内直达欧洲时间最短、最早承诺定期开行且冬季不停运的中欧班列。

更为重要的是，2017年成都成为欧洽会永久举办地，与成都飞速发展的经济水平和深厚的文化底蕴息息相关。近年来蓉欧快铁新开成都至莫斯科、布拉格等9条线路，国际班列全年共开行1 012列，货值达46亿美元、增长了254%，位居全国中欧班列第一。航空肉类进境指定口岸获批，实现了空港“7×24小时”客运口岸通关、货运口岸预约通关。

2017年成都在欧洲的进出口总额为741.9亿元，增长了59.8%；双向投资持续增长，欧盟国家在蓉投资企业约达435家，到位资金约达52.67亿美元。至今欧洽会已举办10余届，项目配对洽谈为中欧企业搭建起了良好的交流平台。截至2018年，累计参会的欧方企业多达3 120余家，中方企业达5 720余家，成功安排企业配对洽谈达24 500余场次，达成意向性合作协议共计2 053项。种种迹象表明，成都已成为中国西部对欧洲开放的新起点。

▷▷▷新经济百花齐放

2019年第十四届欧洽会开幕。本届欧洽会探讨和交流的主题是

“共建陆海新通道，共创开放新枢纽，共享合作新机遇”。

本次欧洽会共有来自芬兰、西班牙、德国、法国、意大利、波兰、英国、丹麦、拉脱维亚、塞浦路斯、比利时、匈牙利、俄罗斯等27个欧洲国家的300余家外方企业和机构，以及700多家中方企业和园区代表参会，涉及教育、生物医药、科技创新、信息与通信技术、工业环保、文化旅游等主题和领域。在为期3天的会议议程中，这些参会代表参加了中欧新经济自由贸易高峰论坛、中欧国际化营商环境论坛、中欧数字经济与科技创新论坛、北欧可持续发展城市论坛、中欧职业教育高峰对话、中欧水资源发展论坛、第二届中欧国际会展业合作圆桌会、中欧企业项目配对洽谈会等活动，分享了新经济发展成果，探寻了新经济成长路径。

在中欧企业配对会上，集中签约了13个对欧合作项目，总投资合计约1.8亿美元，包括英国纬图亚太总部项目、福布斯中国U30加速器暨创新基金合作项目、剑桥科技创新中心项目、亚太经合组织中小企业信息化促进中心项目、卡夫卡国际文化交流中心项目等。其中，11个项目落地成都高新区。另外，中欧企业项目对接达2 000余次，现场达成超400个企业合作意向。

值得一提的是，在2019年的这届欧洽会上，位于成都高新区的中国—欧洲中心以欧洽会永久会址的身份首次亮相。当前，已投入使用两年的中国—欧洲中心正主动服务国家对外开放战略，以“对欧商贸中心、交往中心、服务中心”为核心功能定位，打造对欧开放合作平台。截至2019年11月底，中国—欧洲中心已有法国蒙彼利埃大区、波兰罗兹省、德国北威州等16家境外官方机构入驻，有英国纬图亚太总部、挪威Opera中国区总部、亚马逊AWS联合创新中心、成都以色列科技创新中心等10余家外资总部企业及创新平台落户，并引进了成都“一带一路”国际商事法律服务平台、贸易仲裁委员会“一会三中心”、成都市对外开放展示中心等5个配套平台型项目。

通过欧洽会，成都已在英国、意大利、丹麦、芬兰等国建设海外离岸基地 35 个，并在成都高新区建成国际人才创新创业孵化基地 90 余个，引进高层次海外人才项目 108 个，并设立海外人才离岸创新创业基金，全面形成了海外预孵化、到岸再孵化、加速器产业化等全链条的跨境创新体制机制。

成都市政府表示，将充分发挥中国—欧洲中心作为中欧合作平台的作用，快速衔接成都天府国际机场、中欧班列等交通枢纽，有效实现互联互通，推动中欧企业在资本、品牌经营、市场拓展、跨国技术转移交易、项目开发等方面的全方位合作，助力蓉欧合作不断升级，助力成都建设成为国际门户枢纽城市。

如今，成都正积极把握西部陆海新通道建设的契机，大力推动“四向拓展、全域开放”。目前已有 18 家外国领事馆在成都设点，这为西部发展提供了巨大的帮助。以“一带一路”为轴，打造点轴面的合作方式，欧亚大陆的合作伙伴可以在这里找到合作的目标和支点。

通过欧洽会的合作方式，在“一带一路”倡议下，中欧必将在欧亚大陆架起通向繁荣的大桥。

“公园+”：未来城市形态样本

公元1170年，46岁的陆游入蜀。一生颠沛流离的大诗人，终于在成都获得片刻安稳。他在成都留下了许多诗篇，其中《成都行》中的名句“成都海棠十万株，繁华盛丽天下无”是我最喜欢的。晃眼千年过去，虽然当年大诗人所见盛景我们无缘再见，但是成都人却想把“十万海棠”的梦想留在这里。

2018年2月，习近平总书记在成都视察期间，首次提出了“公园城市”的理念。而后，2018年3月初的成都市“两会”，通过了最新修编的《成都市城市总体规划（2016—2035）（送审稿）》，“公园城市”这一全新理念被写入新总规划，成都明确提出将加快建设美丽宜居的公园城市，探寻美丽中国未来城市新形态。

“公园城市”是一个新词汇。众所周知，新加坡有“花园城市”的美誉，中国的贵阳、深圳已创建“森林城市”，此外还有“田园城市”“生态城市”“山水城市”“低碳城市”等多种提法，那么“公园城市”又与它们有何不同呢？

▷▷▷何为公园城市？

实际上，城市是一个人与自然、人与人和谐共存的有机体，环境的营造和改善都需要从人的需求和能动性出发。

所谓“公园城市”，并非仅指多建公园，进行生态文明建设，而是要集经济建设、政治建设、文化建设、社会建设及生态建设于一体。天府新区总规划师、复旦大学教授匡晓明认为，“公园”可以理解为一种城市空间极大程度面向全体人民开放的城市先进形态。这种形态适应社会主义发展阶段，以“公”为目标，“园”为“公”的载体与表现。成都市规划设计研究院院长曾九利表示公园城市是一种以生态文明引领城市发展，以人民为中心，构筑山水林田湖城生命共同体，形成人、城、境、业高度和谐统一的大美城市形态的城市发展新模式。

东部新区书记、原成都市规划管理局局长介绍，公园城市的内涵特征主要包括四个方面：

一是突出以生态文明为引领的发展观。建设公园城市正是以尊重自然、顺应自然、保护自然的生态文明理念引领绿色发展来回应人民群众对美好生活的向往，实现“蓝天白云常在，青山绿水永存”的美好愿景，引领功能产业、资源利用、文化景观、生活服务等各方面发展，形成“绿色+”的新发展框架；实现城市格局更加优化、绿色空间和公共空间更加丰富、公共服务更加均衡、城市功能更加开放、城市形态更加优美、城乡关系更加融合、产业发展更加绿色的愿景。

二是突出以人民为中心的价值观。城市发展关乎民生、连接民心，必须始终坚持以人民为中心的发展思想，切实将提升老百姓的获得感、满意度和幸福感落到实处，落到细节处。公园城市的理念将“城市的核心是人”作为价值取向，以“让生活更美好”为使命方向，突出公园城市中的“公”字，做到共商、共建、共治、共享、共融；突出人民属性，以人民的获得感和幸福感为根本出发点；突出“服务所有人”，力争满足各类人群的个性化需求。

三是突出构筑山水林田湖城生命共同体的生态观。公园城市理念应体现山水林田湖城之间的合理配置和统筹优化，将山水林田湖城作为一个生命共同体，构筑人与自然之间唇齿相依的一体性关系。

四是突出人、城、境、业高度和谐统一的大美城市形态。公园城市理念将以人本作为规划建设的逻辑起点；科学构建城市空间形态，提升城市宜居品质；注重生态建设，营造碧水蓝天、森林环绕、绿树成荫的城乡环境；强调加快产业转型，大力发展与生态环境相协调的功能产业；实现农耕文明、工业文明和生态文明交相辉映，人、城、境、业高度和谐统一的大美城市形态。

“公园城市”的提法便是兼顾“十万海棠”与“繁华盛景”。公园城市以“园”为载体，以“公”为核心，突破了以往人与自然相割裂的生态观和城市规划观，让人耳目一新。

▷▷▷如何建立公园城市？

根据《成都市城市总体规划（2016—2035）》，成都打造公园城市，其发展分为三个阶段：2018—2025年，加快建设期，公园城市特点初步显现；2025—2035年，基本建成期，开创生态文明引领城市发展的新模式；2035—2050年，全面建成期，全方位形成人、城、境、业高度和谐统一的大美城市形态。

长达30余年的建设时间，如何实现最终目标，首先要做好顶层设计。2018年5月11日，天府公园城市研究院正式成立，这也是全国首家公园城市研究院。该院聘请了多个领域的权威专家组成顾问委员会，重点推进首批八个重大研究课题：公园城市的内涵研究、指标体系的国际经验与趋势研究、建设模式研究、对市民平时生活影响的研究、消费场景研究、公园形态研究、对城市品牌价值的研究、绿色生态价值研究，从而为完善公园城市理论体系奠定了坚实基础。此外，研究院还将与联合国人居署、清华大学环境学院、同济大学建筑与城市规划学院、中央党校、中国社会科学院财经战略研究院、国家发改委城市和小城镇改革发展中心、腾讯云等多家研究机构签订战略合作协议，建立长期合作关系。

总规划师匡晓明教授称："城市发展的终极目标，是公共产品遍及每个角落。这也是公园城市的努力方向。"对成都而言，"公园城市"会和大熊猫一样，属于成都未来又一张闪亮名片。成都跟长三角、珠三角地区的城市比较，城市发展程度可能存在差距，但是成都农村美丽的田陌、灵秀的竹林、温情的村落和城市的繁华相互映衬，各美其美。可以说，成都农村的品质衬托和提升了城市的品质，没有这样的农村也就构不成现在的成都。

成都的农业农村振兴就是公园城市的乡村表达，在城市经济快速发展的同时，始终不忘保护农业农村，留住好的山水格局、好的田园林盘、好的自然村落和乡愁记忆，是未来城市最大的价值所在。要真正把资源运用好，结合城市发展和项目落地，把大量的城市基础设施配套和城市公共服务配套延伸到农村腹地，这是国内其他地方少有的优势。

可以看出，从公园城市到公园城市示范区，上升到一个全视域、全方位、全领域的崭新高度，是习近平生态文明思想的体现。**公园城市作为一个未来城市发展方向，也是对城市建设管理、市民生活、社会治理的全方位变革，体现了我们的制度优势，最终服务于人。**特别是通过此次新冠肺炎疫情的重大考验与反思，我们更加深刻地理解了人和自然的关系，更加切实地体会到新发展理念和习近平生态文明思想是多么重要的科学论断。公园城市理论的提出，为推进人类命运共同体建设提供了中国智慧和中国模式，也是全球探索城市可持续发展的新形态、新高度。

"公园城市"是全面体现新发展理念的城市发展新模式。"公园城市”的“公”为全民共享，“园”为生态多样，“城”为生态宜居，“市”为创新生产。城市建设最终要实现发展的可持续，既满足当代人的需求，又不对后代人构成危害。

正在成都进行的公园城市建设实践，突出以生态文明引领的发展观，以人民为中心的价值观，以构筑山水林田湖生命共同体的生态观，实现人、城、境、业高度和谐统一的大美城市形态。在公园城市里，生态价值得到全面充分体现，诗和远方在这里深情相拥。

成都建设公园城市示范区，责任重大，意义重大。公园城市建设是一个全新课题，国内外没有样板可学，没有标准可依，实践中没有范例可找。只有结合成渝地区双城经济圈建设的新形势、新任务、新要求，对建设践行新发展理念城市再学习、再提高，才能在认识理解上更深刻，在内涵把握上更精准，在路径选择上更科学。

优化空间布局，建设全域公园。成都建城历史悠久，独具魅力，要传承成都城市的规划基因，彰显其特有美丽基础上让城市更富朝气，更具活力，形成“产田相融、城田相融、城乡一体”的全域公园城市美丽新格局；坚守呵护自然生态本底，形成“山水田林城”公园城市新形态。公园城市建设要尊重城市建设规律和基础条件，基础设施建设先行，先地下后地上，让城市从大地里长出来，有呼吸、有生命，有机、生态、绿色，实现城市与人、城市与产业的友好对话，特别要重视城市的数字化统筹，形态与内容同步建设，强化对建筑体量、高度、理念、色调等要素配置，成为美丽的全域公园城市。

建绿色产业群，筑经济生态圈。构建绿色产业集群，打造集成电路、新型显示、新能源产业集群，抓住国家数字经济创新发展试验区建设机遇，发展工业互联网等新兴产业和信息技术应用创新产业，创建区块链产业创新中心，把握5G网络商用机会，加快互联网+产业发展。抢抓绿色基础设施建设机遇，推动基础设施建设绿色化低碳化，推动可持续生产与消费，发展绿色贸易。特别作为新的内陆开放门户，成都要贯彻绿色发展理念，着眼于全球资源配置，促进国际产能与基础设施建设的绿色化，积极推动中外绿色制造领军企业加强合作，共同服务“一带一路”沿线国家工业绿色发展。要为城市发展提供源源不断的动力源泉，通过构建产业生态群、经济生态圈、创新生态链，形成城市产业与城市生活互促互荣的现代城市建设新格局。要创新统筹好改革、科技、文化三大动力，推动创新性发展、创造性转化，从而促进公园城市的高质量发展。

2020 年，成都的公园城市建设有了新的定位和使命。尤其是国家相关战略决策对推动成渝地区双城经济圈建设作出重大战略部署，明确要求支持成都建设践行新发展理念的公园城市示范区。

由此，从“公园城市”到“公园城市示范区”，是更精准的定位，也为成都指出了明确的探索路径。

“智慧+”：开启成都新经济2.0时代

2016年，李克强总理在强调“加快新旧动能转换”时，提及“新经济”。他称：“过去我们的政策主要扶持企业的技术改造和就地扩能，现在要提升政策的‘边际效益’，让政策向新动能、新业态倾斜，大力发展‘新经济’。”

实际上“新经济”这一说法，早在1996年12月30日的美国《商业周刊》的文章中就被提了出来。当时的美国经济在第二次世界大战后高速增长，经济增长率达到4%，失业率从6%下降到4%，通胀率也在不断下降。1999年美国的消费品通胀率只有1.9%，为34年来的最小增幅。美国经济界便用“新经济”来形容那一段时间蒸蒸日上的经济形势，将其定义为在经济全球化背景下，受信息技术革命形成的经济发展模式，其特点是高增长率、低失业率、低通货膨胀率、低财政赤字。

不过随着时代变迁和社会发展，新经济的内涵也在不断变化。新经济的两个关键因素是其与旧经济的本质区别。

第一，新经济产生的背景是经济全球化和信息技术革命。只有在经济全球化的背景下，才能实现资源和人才的自由配置，这为新经济的发展奠定了基础；新经济的“新”，源于生产和发展的原动力——信息技术带来的全新革命。这不仅改变了人类的信息传输方式、储存方式，更让生产力得到大幅解放和提高。

第二，新经济是知识密集型经济。区别于传统经济，知识密集型经济对自然资源和人的体力劳动需求更低，往往以高技术产业为支撑，以智力资源为主要依托，同时强调“创新”是其发展的核心之一。

今天，随着大数据、人工智能和物联网的发展，“新经济”呈现出了与“旧经济”融合的趋势。这便是“新零售”和“新制造”提出的背景。因此，我们可以把新经济归纳为两大力量：一是利用“互联网+”（信息化）等培育新动能；二是要改造升级传统动能。

▷▷▷中国新经济格局

中国经济进入“新常态”以后，经济形势错综复杂，传统行业增长乏力，中国经济需要持续寻找新的增长点。从2010年开始，一大批优秀的互联网公司如百度、腾讯、阿里巴巴、京东、华为、今日头条等成长壮大，形成了目前中国新经济全面开花的局面。2017年中国GDP增幅达6.9%，保持了总体平稳、稳中有进、稳中向好的发展态势。中国经济之所以能够面对复杂严峻的国内外环境，顶住下行的压力，很大程度上得益于新经济的蓬勃发展。

此处仅以新经济中的数字经济为例。截至2020年6月，中国网民规模为9.4亿，网络零售用户规模达7.49亿①。如今我国进行的5G技术研发试验第三阶段测试工作已经基本完成，我国5G已经正式商用。

数字经济新动能的积聚创造出了三大红利：一是创造了消费增长红利。我国移动支付交易规模位居全球之首，2019年全国网上零售额

① 余建斌．我国网民规模达到9.4亿　数字经济蓬勃发展［N］．人民日报，2020-10-19.

达10.6万亿元，较2018年增长16.5%。二是创造了数字经济红利。深入推进“互联网+”行动和国家大数据战略，基于互联网、云计算和大数据等数字技术驱动的新兴产业已成为新的经济支柱产业。三是创造了数字就业创业红利。数字经济带动了大量直接就业，在线医疗、在线教育、餐饮外卖等新型消费模式呈现爆发式增长，已经成为名副其实的新经济增长点。

除此之外，**分享经济、共享经济、平台经济等新经济模式也迅速成长。同时，全球又迎来了以人工智能、物联网为代表的新一轮技术革命。中国开始在各科技领域与欧美并驾齐驱，处在同一起跑线上。这既是中国实现弯道超车的重大机会，也是实现民族复兴的千载难逢的历史机遇。中国新经济接下来的发展情况，将决定着中国在新一轮国际秩序中所处的位置。**

▷▷▷成都新经济路线

2017年11月，成都市召开了新经济发展大会。此次大会不仅为成都设计了新经济发展方案，还明确提出：“到2022年，基本形成具有全球影响力和区域带动力的新经济产业体系，成为新经济的话语引领者、场景培育地、要素集聚地区和生态创新区，建成最适宜新经济发育成长的新型城市。新经济产值达5 000亿元以上，新经济总量指数排名进入全国第一方阵”。

不沿江、不靠海，作为后发新兴城市，成都并行发展六大经济形态令人折服。历数成都发展新经济的前世今生，即便高端人才、资本质量、产业基础、改革环境相对北上深较弱，但不甘沦为“二线城市”的成都率先系统性提出“新经济”，意欲“变道超车”，彰显了“破釜沉舟”的勇气。

相较于充分利用“市场化红利”吸引全国创新人才的深圳，拥有全国顶尖高校科研资源，并以政治中心身份作为重要支撑的北京，拥有得天独厚的资本和地理优势的上海，以及依托互联网巨头企业形成互联网经济生态的杭州，成都要发展新经济虽然有困难但并非痴心妄想。人才吸引力强，市场活跃度高，文化资源丰度高，以及拥有发展创意经济的创新基因与资源禀赋等优势，已为成都发展新经济产业奠定了坚实基础和提供了重要保障。

虽身处新一线城市序列首位，但成都仍然是一名追赶者。在人才结构、企业家精神、海外市场拓展、金融支持以及基础建设等方面，成都距离新经济之城依然有差距。成都需要“海纳”新人群、“引爆”新模式、“聚变”新要素、“解放”新技术、“构筑”新生态，从建设宜居“公园城市”出发，转变创投发展理念，持续推动智慧产业，最终实现“蝶变”。

面对丰富且仍在加速聚集的创新资源，成都正通过梳理与整合，探索出一条释放成都优势、体现成都特色的新经济发展之路。在这条路上，绕不开的是以“互联网+”“AI+”为核心的互联网行业。

成都发展新经济、打造新经济之城为互联网行业的发展营造了良好的氛围，形成了巨大的推力；反过来互联网行业的蓬勃发展也是成都发展新经济、打造新经济之城的一个重要体现。“互联网+”出行形成了共享单车、网约车服务、网上购买票、出行导航系统等，是现行交通系统短板的一个补充。工业互联网作为第四次工业革命的重要基石，是现代经济发展过程中重要的新型基础设施之一，就好比第一次工业革命的铁路，第二次工业革命的电力，未来互联网和5G的结合更会生发出难以描绘的巨大应用空间。

发展新经济，需要颠覆者，互联网行业正是颠覆者的聚集地。未来，大家将共同见证科技对传统行业的重新定义，这开启了实体经济发展的新时代。

后疫情时代的新经济发展，成渝两地将在“推动西部大开发形成新格局、推进成渝地区双城经济圈建设”等多重机遇的叠加下，最终形成高质量发展的增长极和动力源，一极两中心。

什么东西是最具有力量的？我们常说产城结合，产业是推动经济发展重要的原动力。那么新时代的新产业是什么呢？我们选择新经济作为经济增长的爆点。

2020年上半年，成都面向全球持续发布1 000个新场景、1 000个新产品，助推新经济产业发展。新经济已变成很重要的经济增长方式和城市发展方式，即从过去传统的产业和城市的关系，发展为新经济与城市的关系。

▷▷▷布局“新基建”，位居全国第一梯队

“新基建”这一概念源自2018年中央经济工作会议。该会议明确指出2019年加快5G商用步伐，加强人工智能、工业互联网、物联网等新型基础设施建设。

2020年4月20日，国家发改委首次明确了中国“新基建”的范围和当前的工作重点。

以5G为例：成都作为全国首批5G规模商用试点，提出到2022年要建设成为5G网络供给全国领先、行业应用深度融合、核心生态高度汇聚、产业聚集效应凸显的中国5G创新名城。2019年2月底发布的《成都5G产业发展规划纲要》提出，到2020年年底，成都将建成5G基站1万个，到2022年全市建成5G基站4万个以上，培育5G产业链企业500家以上，5G产业规模达到1 000亿元，成为全国重要的5G资源聚集地、中国5G创新名城、千亿规模全国5G产业发展高地。

2020 年 7 月，《成都市新型基础设施建设行动方案（2020—2022 年）》（下称《方案》）正式出炉，为成都“新基建”清晰了路径，也明确了未来三年的重点任务。

根据《方案》，到 2022 年，成都将基本形成技术先进、模式创新、四网融合、支撑有力的新型基础设施，与铁路、公路、桥梁等传统基础设施，共同构建数字化、网络化、智能化的基础设施体系，对国民经济和社会发展的贡献度和支撑力显著提升。

“新基建”是个新市场，理论上所有企业都可能成为参与者和建设者。但是，“新基建”无论是技术门槛还是资金门槛都比较高，大型行业龙头企业机遇相对更大。广大中小企业特别是创新型科技型企业，可以通过多种灵活方式，比如项目混改、技术入股、知识产权入股等（积极主动参与其中）。

“新基建”将成为发展新动能和新经济的新赛道，让不同企业处在新的起跑线上，是后发者奋起直追、变道超越的新机遇。

"交通+"：西部中心，连接全球

在10多年前甚至20年前，还有人发问，成都在哪里？也许你并不知道，全球每五台笔记本电脑中就有一台成都造，每两台电脑的CPU就有一台是在成都制造的。

其实，在每位投资者眼里，"成都在哪里"都是一个问题。透过这个问题或许会看到巨大的市场，或许会看到未来的机会。随着时间的推移，成都与世界的关系发生了巨变。成都，正在用国际化的航空物流体系，缩短与世界的距离，展开与世界高端产业的对话。

▷▷▷对外开放"新门户"

经过西部大开发十几年的发展，四川打破了偏居一隅的"区位劣势"，与世界的关系因西部综合交通枢纽的建设而变得和过去不同。航空物流的快速发展便是其一。

2012年5月6日，成都双流机场海关空运货物监管科科长戟凌来到办公室开始一天的工作。"今天英特尔和富士康在综合保税区的产品要转运到这里。"戟凌在成都海关已经工作13年了，亲眼见证了出关产品从皮鞋、服装等低附加值产品到精密仪器、电子产品、生物医药等高附加值产品的转变。

十几年来，成都海关监管货运量增加了20多倍。各项业务指标稳居中西部空港口岸第一。

此后，成都双流国际机场开通了25条国际及地区直飞客、货运航线，成为中西部地区唯一同时拥有直飞洲际客、货运航线的城市。2011年，成都新开通直飞东京、阿布扎比、加德满都以及孟买4条客运航线，以及马德拉斯—成都—仁川等7条货运航线。

成都双流机场的统计数据显示，该机场早在2012年便已是中国中西部地区最大的航空枢纽港，是中国国际航空公司西南分公司、四川航空公司、东航四川分公司、成都航空公司、西藏航空公司的基地机场。

新的变化还在发生。成都的天空“越来越国际化”。

四川省政府物流办相关负责人认为，随着成都建设国家级航空枢纽不断取得新突破，以及四川经济产业发展的有力支撑，成都天空的国际化色彩将越来越浓厚。

2018年7月，成都出台《加快构建国际门户枢纽全面服务“一带一路”建设的意见》（简称《意见》）。《意见》指出，成都将着力构建联通全球、通江达海的战略大通道，鼓励国内外航空公司、全货运基地航空和航空快递企业在蓉集聚发展。

▷▷▷连接欧亚，通达国际

成都处于欧亚航路的中点，是中国以及东南亚通往欧洲、中东的最佳中转地。此外，成都还可以成为南亚、西亚、东南亚、中东及欧洲进入中国的门户。

航空枢纽的要义在于中转，而中转看重的是区位和辐射能力。打开中国地图，成都对中西部乃至全国的航线网络早已织就。

2018 年，成都双流国际机场实现旅客吞吐量 5 295 万人次、货邮吞吐量 66.5 万吨。数据诉说着成都航空体系的成功，但这并不能满足未来成都的发展，相反，即将达到上限的运储人次和货邮吞吐量会限制成都的未来，但双流国际机场已经无法扩建。2016 年 5 月 27 日，规划于成都简阳市芦葭镇的成都天府国际机场正式开工建设，一期工程已于 2019 年建成并于2020 年投入使用。届时，成都将成为中西部唯一一座拥有双机场的城市，也是继北京、上海、南京、台北之后，第五座拥有双机场的城市。

天府国际机场的布局，让西部地区有了与北京、上海、广州遥相呼应的航空枢纽，必将推动成都成为中国泛欧泛亚的西部国际门户。

作为我国新一轮扩大开放的战略部署，天府国际机场既为成都融入全球提供了时代机遇，也为世界深耕中国西部提供了支点。

同时，成都率先提出“蓉欧+”战略，希望借助成都到波兰罗兹的蓉欧快铁，由线及面，在国外、国内各“织”出一张物流网，并予以连接，实现两端互联互通。

借由“蓉欧+”战略，成都正通过打造“两港三网”，强化面向泛欧、泛亚地区的开放力度，形成全方位互联互通格局，推动跨境通道网络向“一带一路”域内国家和地区延伸覆盖，加快打造西部对外交往中心，全面提升国际交往便利度与交流合作紧密度。

无论是直飞成都还是在成都进行中转，这个城市在世界地图上的重要位置已经显露无遗。曾经人们都说成都是一块被崇山峻岭“围困”的平原，如今的成都已经隐约显现出了世界之轴的态势，这也是越来越多的国际航线在成都开通的重要缘由之一。

当天府国际机场投入使用后，制造业所需的材料运输会更加便捷。旅客的分流能让双流国际机场承担更多的货邮吞吐量，从而间接提高企业生产的效率。不仅如此，天府国际机场还为企业带来了新的机会。各领域人才、投资人和企业的陆续“空降”，能为成都新经济的扩建和发展提供一套完整的“供应链”。

随着天府国际机场的动工，另一项占地483平方千米的工程也随之动土。这个项目紧邻天府国际机场和临港口岸，也是引领航空枢纽经济的新核心，名称叫作“天府国际空港新城”。这是高新区“东进”路线中为成都市社会经济发展开辟出的另一片天地。

在不破坏当地生态环境的情况下，空港新城将打造多种类型的公园，包括山水型公园、郊野型公园，以及若干城市公园，并建设三岔湖马鞍山观景台、环三岔湖滨湖绿道等一系列绿色景观工程，以及对三岔湖环湖路进行改造提升，使空港新城的生态水系及绿地占比达63%。天府国际机场作为飞抵成都的第一站，这样的环境想必会让人们对成都留下一个完美的第一印象。良好的生态环境既有助于留住人才，也有助于提高生产。

空港新城的产业定位是“全球新经济枢纽领航者”。新经济枢纽围绕着三大产业主题，分别是临空型枢纽经济、都市型服务经济和创新型新经济。根据成都市高新区正式公布的成都天府国际空港新城四级规划体系的相关内容，我们可以看到，临空型枢纽经济意指依托空港枢纽与未来的自贸试验区，重点发展临空指向性强、全球辐射广的新枢纽经济；都市型服务经济则要突出以人为本的理念，瞄准高端客流群体，重点发展具有宜居、休闲特质的城市；创新型新经济要围绕新技术、新组织、新产业、新业态和新模式，聚焦六大新经济形态，重点发展科技与经济深度融通、发展潜力巨大的新经济模式。

Future

未来篇

纵观改革开放以来中国的发展，是新区建设把农村转移出来的巨大人口和经济资源，转换成了一连串令人难以置信的经济数据。可以说新区建设深刻地改变了中国，并将继续改变着中国。从高新区到天府新区再到东部新区，成都，也正在用新区重新定义自己，用新区挑起整个西部和中国的未来！

第六章

新区未来

千年古蜀文化，融入新理念。天府新区，打造西部经济中心。一个绿色低碳的成都，正在成长……

▷▷▷新区崛起

新区，是不是正在改变中国的未来？是不是正在成为中国发展模式变革的一种有效解决方案？

2011年年底，总投资超过2 000亿元的天府新区浩荡启航，150个项目同时破土动工。尽管它只是中国众多新区中的一员，但至今仍令我印象深刻。因为这意味着一个不争的事实——新区建设正深刻地改变着中国，并将继续改变中国的未来，无论改变的是经济规模还是增长速度，都是如此。

短短几十年时间，中国的新区和开发区建设得如火如荼，106个国家级高新区、135个国家级经济技术开发区，还有苏州工业园，以及浦东、雄安等新区的出现，冲破了旧体制和观念的束缚，促使了经济爆发式增长，其展现出的勃勃生机，蔚为壮观。

过去40年来，有两个趋势正在加速形成，并且引起了广泛的关注。一个是堪称中国历史上规模最大的工业化进程——重化工业化、新型工业化二者兼而有之；另一个是范围广泛的城市化进程。这两个趋势都与新区建设密切相关。正是这些星罗棋布的新区（包括经济技术开发区和高新技术开发区），遵循市场化改革和对外开放的原则，承担了中国工业化的使命。在我看来，这些开发区仿佛是一个个黑洞——把农村转移出来的巨大人口和经济资源统统吸进去，创造出一连串令人难以置信的经济数据。据相关部门统计，2010年国家高新区营业总收入达到105 917.3亿元，创造了全国11.5%的工业增加值、8%的国内生产总值和16.8%的出口创汇，成为带动区域经济发展的强大引擎。回过头来看，这一工业化进程，在国际金融危机爆发后的几年里，也几乎没有停下来。确立中国“世界工厂”地位的，正是这些遍布于新区中的设备、仓库和港口。

当然，也正是依托这些生机勃勃的新区或者是开发区，一座座新城快速崛起，发展成为囊括现代产业、支撑现代生活的城市新星。大约 30 年前，深圳特区在蛇口工业园起步，到 2013 年深圳的出口规模已相当于整个印度的出口规模。稍晚年代的浦东新区，其天际轮廓线已成为中国建筑业的实验场，632 米的上海中心大厦直插天际，令它的邻居上海环球金融中心和金茂大厦相形见绌。广而言之，当时海南从广东省的一部分变成了中国的一个超大新区，而重庆脱离四川变为直辖市也是类似情形。中国这一批崭新城市的崛起，既是新区建设留给我们迈向更高程度的繁荣的巨大物质财富，也是中国未来城市愿景的理想归宿。

▷▷▷新区模式

那么，在过去的 40 年中，新区在中国疆域未变、法律体系以及核心价值未变的情形下，如何获得相对的优势？换句话说，是一种什么样的力量，支撑了新区爆炸式的增长？我的答案很简单，那就是通过差异化的竞争力提升区域经济密度，通过产业的集约集群发展提高经济效率。

作为一种管理经济的新方法，新区之新就在于赋予了更多的经济管理权限——市级、省级或者国家级管理权限，在更大的范围内打破了传统行政区划壁垒——特别是固化的地方利益对区域经济集中设置的种种阻碍，使得一个本无边界的地理实体或者单元，抓住了难得的发展机遇，营造了局部的吸引力。在较为短暂的时期内，这种方式促进了生产性机构、人口的快速集中，最终极大地提升了区域经济的密度，并通过共享性的发展措施实现了包容性的社会共同发展，撒播了现代文明的种子，这就是所谓的新区“先行先试”的经济真义。

比如，浦东新区在陆家嘴的狭小区域内聚集了与金融相关的经济活动，经济密度提升最快，强势支撑起了中国建设与其经济实力相当的国际金融中心和航运中心，浦东新区的发展态势是振奋人心的。滨海新区则聚集了空客飞机，以及葛兰素史克等大型制造项目；两江新区虽然诞生的年代有点晚，但是势头不错，布局了综合保税区和保税港区，聚集了与电子信息相关的制造业。

成都高新区占地130平方千米，通过20年的努力成为具有世界级和国际影响力的IT产业基地，贡献了四川省和成都市的“两个十分之一”：一个是2011年地区生产总值达710亿元，超过了成都市的十分之一；另一个是2011年财政总收入220亿元，占四川省的十分之一。此外，如西安高新区、合肥高新区、宝鸡高新区等21个国家高新区的工业增加值已经占到了所在城市工业增加值的30%以上，其经济密度可想而知。放眼全球，欧洲从当初的煤钢共同体走向货币联盟，再到目前讨论的作为欧元区主权债务危机的解决方案——财政联盟，都是沿着这一规律前行的。

成功的密码正是新区的建设，抑或是新区建设斩获的巨大回报。自21世纪以来，新区建设尚未有过丝毫的犹豫，在发展的自由度、速度和规模方面，都是无畏前行的。历史上从未有过像这样的时刻：国家批复了一系列的区域发展规划，新区建设从东部到西部，包括两江新区、珠海横琴新区、舟山新区、天府新区、西咸新区、兰州新区、贵安新区、郑东新区、雄安新区、济南新区……截至2018年6月，全国共有19个国家级新区，几乎每个城市和地区都试图通过建设新区来重新定义自己。

▷▷▷中国新区的大未来

我们能否对这些未来的新区做出一个大胆的预言呢？答案是肯定的。中国新区建设将会成为中国经济发展的重要推手，高盛首席经济学家吉姆·奥尼尔预测中国将在2027年赶超美国，这是目前预测的最早时间。这有赖于好的想法——更新我们关于新区建设的知识基础。新区建设主要围绕六个维度：经济的密度、金融的维度、产业的维度、市场的维度、体验的维度以及幸福的维度。

在这里，我想对产业的维度做特别的阐述。一个核心问题是，无论是廉价的土地、巨大的人口红利，还是环境的消耗和良好的国际贸易环境，从产业发展上来讲，30年来的新区建设，几乎吃尽了中国工业化史上所有低处易摘的果子，从中国资本市场上传来的消息是，近年来上市公司取得同样的利润要消耗比以往多得多的资本。还有市场统计数据显示，中国地方政府的土地收入占总收入的比例已从20世纪90年代末的不足10%，上升到2010年的70%左右，这些可不是未来新区建设的好消息。因此，未来的新区发展，尽管工业化、城市化的机遇仍在，但是易得的果子在不断地消失，我们将不得不采摘生长在高处的果实。未来面临危机是：劳动力成本的大幅上涨、土地的刚性约束、地方政府推动新区建设的债务极限和风险，以及全球经济大潮中不时游弋的黑天鹅（既可能是主权债务危机，也可能是更加恶化的外部需求环境），等等。

在如此紧迫的压力以及重大不确定性中，唯一的办法就是转型发展，更加注重自主创新的内生增长。只有新的发明才是长期促使经济持续增长的主因，所以未来的新区建设要勇于攀登技术的高峰，这既需要我们有过硬的自身素质，也需要我们有更加坚定的勇气，这也是未来摘果子的难点所在。同时，仍然要坚持对外开放，特别是中西部地区的新区。这个话从正面来讲可能显得太宽泛而无实际内容，如果从反面来讲就印象深刻了。封闭起来发展产业，就好比是“零和博弈”的赌博游戏，没有根本的增加值，至多是一种自娱自乐。当然，对外开放也不是过去那种“捡到篮子里的都是菜”的做法，而是需要对“菜”加以改良——大规模承接高端产业和产业高端转移。

这里还有一个既是战略性问题也需战术性考量的事实必须要强调，就是我们既要重视对内宣传，以达至多项综合意图，又要千方百计地对外营销推介，构建并管理好新区的理想预期。

在科技化、信息化高度发展的今天，像成都这样不沿边、不靠海的城市发展的劣势正在弱化：人才来了，资金也来了。观察整个中国，东部的发展在放缓，中部在趋稳，而西部的发展却在井喷。正是这样一种发展态势，决定着未来的竞争。这种竞争将由单一城市之间的竞争逐渐演变成为城市群、城市带之间的竞争，而且会愈演愈烈。由是，新区正在改变中国。

东进规划：再造“新成都”

龙泉山，位于成都主城区以东，和成都西面的龙门山遥遥相望。这两条山脉像是张开的双臂，共同守护着成都这座历史文化名城。不过随着成都向世界递交出“产业新成都”的名片，这座曾经的天然屏障也正逐步转变为天府之国的“中央花园”。

2017 年，成都市第十三次党代会明确提出了“东进、南拓、西控、北改、中优”的城市空间发展战略。“东进”作为龙头规划，成为继打造天府新区之后，成都市的又一力作。成都的建设者们在“东进”总规的指导与要求下，要把龙泉山脉以东（包括龙泉山脉以西的部分地区）共计 3 976 平方千米的沃土变成西部高端制造业的摇篮。天府国际空港新城、简州新城、淮州新城、简阳城区与龙泉山城市森林公园“四城一园”共同构建成了一个“新成都”。

千百年来，“两山夹一城”的旧格局也将变为“一山连两翼”的新图景。成都将凭借这一双羽翼，在全球城市竞争中一飞冲天。

▷▷▷东进战略

成都是典型的“圈层固化”城市。国土开发强度达到 84.8%。按照“五中心一枢纽”的定位，成都将瞄准西部国际门户枢纽、内陆经济开放高地进行建设。但是战略定位越高，头衔越多，人口聚集的压力就越明显。预计到2030年，全市人口规模将突破2 200万人的承载极限。如果采用粗放型产业布局，那么必然会加剧人口与环境的矛盾。要解决“大城市病”的问题，谋求更大发展，成都不得不在人口迅速增长和产业转型的双重背景中做好长远规划。

不只是成都，中心区功能过载、人口膨胀、交通拥堵、资源紧张和区域发展不平衡……这些“大城市病”困扰着全球许多城市。正因为如此，许多城市开始打造“双中心”或“多中心”布局，为未来留下发展空间。比如，东京构建了筑波等新城；北京打造了通州副中心，还在周边增设了雄安新区；天津提出了“双城双港，相向拓展”战略，将中心城区与滨海新区的关系由“一主一副”调整为并重的“双城”。

成都东进，也是为了解决同样的问题。中心城区要有序发展，同时也要让边缘地区都能享受成都的发展红利。人口和功能的疏解是成都构建新城市空间的必然趋势。

成都的人口和产业向外环扩展，理论上可以有多种选择。从目前的空间结构来看，西部拥有广阔的腹地，但作为成都的水源区，地形条件复杂，生态压力大，无法大规模开发；往南，已经有天府新区，且南向腹地有限；往北，有连片的棚户区，以及大量的国营老厂、铁路单位，这意味着新城改造的成本巨大。

而东部区域发展空间广阔，涉及的龙泉驿、简阳、金堂等地地势以丘陵和平原为主，国土开发强度低于全市平均水平，潜在工业建设用地充足，拓展空间潜力巨大。龙泉山作为东边的一个屏障，机场、工业园区向东延伸，既可以发展成都工业，也不影响成都的生活环境，并且城东的交通优势明显，能够享受主城资源，也不影响城区人居环境和服务业的发展。同时城东紧连城南，也能辐射城南范围。从成渝城市群的大战略上来考虑，东进还能实现成都与重庆的相向发展，让两地能够基于产业配套加强区域协作，做大成渝城市群。

综合来看，东进是成都最合理的选择。

2017年7月19日，成都发布《成都市东部新城空间发展战略规划（2017—2035年）》和《中共成都市委、成都市人民政府关于坚持新思想指引新理念导航高质量建设面向世界面向未来的现代化东部新城的意见》。

2017年12月3日，《人民日报》头版刊登了成都部署“东进”战略的报道，报道中相关领导表示：“成都别无选择，只有东进!”

▷▷▷筑“巢”引“凤”

如何让梦想照进现实，把3 976平方千米的平原丘陵变成“新成都”？成都东部新区如何为城市赋能？

通过“设立新区”的方式来实现生产力与生产关系的重新组合、上层建筑和经济基础的重新耦合，最大限度地为区域发展赋能，实现经济组织方式和城市治理方式的新变革。

截至2020年7月底，成都东部新区的基础设施建设方面已取得初步成效：丹溪大道湿地景观已成型；空港大道二期互通立交已可见交通脉络；金简仁快速路从山丘丛林中穿过，正全力推进项目建设；绛溪三线道路工程项目正在有序推进……

筑巢引凤，“巢”筑好了自然就会引得企业、项目落地。不过在落地过程中要做好新城的产业规划。其中，淮州新城主要发展通用航空、智能制造、节能环保三大主导产业。截至2018年5月底，淮州新城新签约引进了包括总投资为70亿元的京东智慧物流产业综合示范园等在内的33个项目，协议引资达429.25亿元，其中投资亿元以上的重大工业项目达26个，包括香港飞瑞通用产业基地等通用航空产业项目、中建材触控显示一体化模组生产等智能制造产业项目、富骅新能源高能量密度动力锂电池正极材料等节能环保产业项目。

空港新城明确了临空型枢纽经济、都市型服务经济、创新型新经济三大产业主题，重点发展临空服务业、临空制造业、生活服务业和新一代信息技术四个主导产业。截至 2018 年 5 月底，空港新城入库项目共 201 个，已签约及注册项目 50 个，协议总投资 2 724.13 亿元；拟签约项目 11 个，在谈项目 60 个。

简州新城以新能源汽车、智能网联汽车为主导产业，截至 2018 年 3 月底，简州新城签约和在谈项目共计 50 余个，总投资达 2 100 亿元。2017 年 9 月 14 日，简州新城管委会与吉利控股集团签署了总投资为 300 亿元的三大项目合作协议，包括吉利成都铭泰方程时空港项目、吉利泛亚泛欧零部件产业园项目，以及吉利学院项目。

简阳城区致力于构建以高端装备及智能制造、航空航天、新能源新材料为主导的先进制造业产业生态圈和电子商务产业生态圈。截至 2018 年5 月底，简阳城区在招商引资方面签约项目 27 个，总投资达 1 140.137亿元。其中，简阳空天产业园长江汽车、星空年代等 20 个重大项目于 2018 年 4 月 10 日集中开工，总投资达 309.26 亿元。

沿着龙泉山山脊漫步，你会发现原来的东部屏障正在变为城市绿地。这块面积达 1 275 平方千米的城市绿心，是目前全球规划的最大的城市森林公园，承担着生态保育、休闲旅游、对外交往、高端服务等功能。

这片城市森林公园将划分成三个不同的特色主题旅游片区，分别是北部的天府云顶、中部的天府原乡，以及南部的天府山水。最终打造成为集“山地运动”“山水度假”“城市休闲”于一体的中国首个城市中央大型生态休闲公园、国际知名的全景山地休闲旅游目的地，向世界展示成都的“国际范”。

龙泉山城市森林公园内，将涌现出一批特色小镇。规划显示，将策划梨花小镇、国际诗意田园小镇、国际康养运动小镇、洛带国际文创旅游小镇、五凤溪慢活小镇、汽车文化主题小镇、桃花驿站小镇、国际滨湖旅游度假小镇、巴蜀时光小镇、国际颐养小镇10个主题小镇。

成都东部新区正在与城市中的其他经济单元一起，挑起成渝地区双城经济圈里的成都极核，助力西部经济崛起和实现国家战略目标。

天府新区：再造“产业成都”

2011年5月，国务院正式批复《成渝经济区区域规划》，其中明确要求规划建设天府新区。规划建设天府新区，是从四川实际出发，是推动科学发展的需要，目的是更大程度地发挥成都作为西部特大中心城市的竞争力和带动力，拓展成都和周边地区的产业发展空间，进一步凸显四川在西部地区的优势地位。

天府新区的总体发展定位是以现代制造业为主、高端服务业集聚、宜业宜商宜居的国际现代新城区，将建成现代产业、现代生活、现代都市“三位一体”的国际化新城区，再造一个“产业成都”，建设西部经济发展高地，为打造西部地区重要的经济中心提供有力支撑。

天府新区包括天府新区成都片区和天府新区眉山片区，共涉及3市7县（市、区）37个乡镇和街道办事处，总面积为1 578平方千米。其中，成都片区的规划范围为1 484平方千米，约占整个四川天府新区规划面积的94.04%。

2014年10月2日，四川天府新区正式成为国家级新区，是中国第11个国家级新区。同年11月24日，《四川天府新区总体方案》经国务院同意并正式印发。

预计到2035年，基本建成天府新区核心区，经济总量站上万亿级台阶，成为内陆开放经济新高地；到2050年，全面建成天府新区，使之成为最具产业活力、最具城市张力、最具人文魅力的别样精彩的新极核，成为宜业、宜商、宜居的国际化、现代化新城。

起步建设于2015年的成都科学城，规划面积99.37平方千米，其中核心区约40平方千米，规划布局独角兽岛、天府新经济产业园、凤栖湿地产业园、鹿溪智谷科学中心和重大科技基础设施建设基地5大产业社区。成都科学城大力发展研发设计、知识产权、检验检测、技术转移等高技术服务业，促进区域功能互补、分工协作，积极创建国际技术转移中心，布局落地各类高技术服务项目52个，初步构建贯通创新链、融入产业链、对接资本链的高新技术服务体系，培育高新技术企业165家，加速创新资源高度集聚和优化配置，为加快产业功能区建设、服务成（都）、德（阳）、眉（山）同城化发展、推进成渝地区双城经济圈建设提供有力支撑。

成都抓住西部大开发的机遇，顺应世界经济格局的重大调整，在全球经济发展新规则、新技术诞生之际，将高端产业与产业高端化作为发展的方向和目标，创新性地反梯度承接产业，使其发展速度与世界同步，成为西部地区的“东部”，并避免了沿海地区发展所走的弯路。这才是成都未来发展最有说服力和震撼力的证据。

成都对产业的规划是“立体构建”，而非简单的“垂直整合”。如果说垂直整合是“克隆”某个产业的话，那么立体构建就是“克隆+创新”。

垂直整合需要引进一个大项目，并配套引进上下游产业，花费时间比较长；而立体构建则是在原有的产业基础上，结合自身特点进行创新，相当于把产业链全方位延伸、做粗做长，把产业服务半径有效缩短，提高投资效率、服务质量和优化服务环境，从而使产业发展的生态环境越来越好。

成都产业的发展，既有垂直整合的元素，又有初步的立体构建，形式多样，内容丰富，为城市发展注入了新鲜血液，为内陆城市的城市化、现代化找到了一个“答案”。

在产业发展过程中，成都市还努力避免“产业孤岛化”和“城市空心化”等城市发展的“通病”。例如，成都高新区正在打造的“没有围墙”的“天府新城”，以高端产业和产业高端化为核心动力，为一个产业建一座新城，从而解决了产业和新城建设的关系难题。

产业是先导，新城是载体。住房在整个建筑体量中所占的比重约为三分之一，其他三分之二是产业用地。在新城里，工作和居住融为一体，使天府新城既不会出现“潮汐式”的人流和车流，也不会在夜晚变为“空城”甚至“死城”，成功地解决了城市发展中的产业孤岛化和城市空心化问题。

天府新城的这一规划和发展模式还得到了四川省政府的肯定。在四川省深入实施西部大开发战略的工作会议上，相关领导明确提出，“要规划建设天府新区，形成以现代制造业为主、高端服务业集聚、宜业宜商宜居的国际化现代新城区”。而“天府新区”将整合成都高新区的相关资源，成为成都大产业、大项目的聚集地。

宜居宜业的环境使人们在工作和生活之间找到了平衡点，愉快地工作、幸福地生活，在成都这个平台上就可以实现。产业、人才、城市在这里形成了良性互动，推动了城市与产业加速发展。

▷▷▷“三大步” 建设

2014 年 8 月 12 日，中国中铁西南总部项目奠基仪式在成都天府新区中央商务区举行。随着该项目以及已签约入驻中央商务区的一批总部项目的相继动工，成都天府新区直管区开发建设正式进入了快速推进阶段。

2017 年 12 月 5 日，四川天府新区率先在全国启动“独角兽岛”整体规划设计方案征集活动。天府新区“独角兽岛”是国内首个独角兽企业聚集平台、全球首个以独角兽企业孵化和培育为主的产业载体。

2018 年 4 月 20 日，四川天府新区成都管委会联合加拿大麦吉尔大学、古巴神经科学中心、电子科技大学、四川大学华西医院在成都共同签署了《中国（成都）—加拿大—古巴国际脑计划战略合作协议》，中国（成都）—加拿大—古巴国际脑计划将在天府新区启动。

2018 年 5 月 2 日，成都天府新区“独角兽岛”迎来首家“独角兽”企业项目。商汤集团是全球人工智能领域的“独角兽”企业。根据合作协议，该集团决定在天府新区投资建设商汤未来创新中心暨“一带一路”总部项目。

2018 年 5 月 2 日，中国科学院大学、成都市人民政府、中国科学院成都分院签署协议，将在成都天府新区共建“中国科学院大学成都学院”。

……

以上只罗列出了天府新区近年来在建设推进过程中的部分成果。整个建设周期共分为近期目标、中期目标和远期目标“三大步”。

随着一批批项目落地，天府新区近期目标已经完成，中期目标正在紧锣密鼓地推进之中。相信在 2030 年前后，“国际化现代新城区”的构想一定会在成都平原实现。

▷▷▷八大产业开发区

在成都市政府公布的总体规划中，天府新区一共规划了八大产业开发区，即成眉战略新兴产业区、双流信息产业区、空港经济开发区、新川创新科技园、成都经济技术开发区、东山科技产业区、南部现代农业产业区、视高经济开发区。其目标之一就是再造一个“产业成都”。

天府新区目前正加快构建以数字经济为核心引领的，以总部经济、会展博览、高技术服务业为支撑的“1+3+N”现代产业体系。面对成渝地区双城经济圈建设的重大战略机遇，天府新区、两江新区在产业联动发展新篇章，也将不断厚实天府新区、两江新区的产业基础，为共同推动成渝地区双城经济圈建设提供强有力的支撑，更好地肩负起国家战略重大平台的时代使命。

▷▷▷生态绿廊：“一区两楔八带”

天府新区的规划理念用一句话来形容就是：“山水环绕、组合布局、城乡统筹、生态田园。”在做天府新区的规划时，它的大前提就是集约发展、智能低碳，要求必须严格保护和控制区域生态环境，使天府新城变成一座具有生机的绿色新城市。

“一区”是指龙泉山生态服务区。未来，天府新区最重要的生态服务区将围绕龙泉山进行建设。

“两楔”则分别是三圣乡龙泉山绿楔与彭祖山锦江绿楔，它们将作为城市绿肺和功能区的隔离，为天府新区提供良好的生态服务。

“八带”则是指四纵四横共八条区域生态绿廊。在总体规划中，要沿198公园、铁路货运外绕线、第二绕城高速、跳蹬河构建四条横向的区域生态廊道；沿成昆铁路、元华路、锦江、东风渠构筑四条纵向的区域生态廊道。如此一来，就构成了四横四纵八条区域生态绿廊。

▷▷▷交通规划：构建密网式公共交通

天府新区将与中心城区共同构成国际区域性综合交通枢纽，构建“两横四纵”的高速路连接系统、“三横七纵”的快速路连接系统，以此加强天府新区城市组团与中心城区、组团与组团之间的高速连接。

根据《四川天府新区总体规划（2010—2030）（2015年版）》，天府新区范围内建设的线路包括轨道交通1号线、2号线、3号线、5号线、6号线、10号线、18号线。据介绍，此次新增了3条轨道交通，主要目的是连通天府国际机场、天府站和成都主城区等主要交通枢纽，分别为18号线串联成都南站、天府站和天府国际机场，19号线串联双流机场与天府站，20号线串联天府站与成都东站，并预留18号线与19号线、20号线贯通运营条件。此外，还有6条铁路客运专线通达天府新区内外。

铁路方面，目前规划区内快速铁路主要包括成资城际铁路、成自泸城际铁路、成昆货运外绕线客改铁路，并预留北向引入西成客专。

公路方面，相较于原总体规划提出的“两横四纵”路网布局，本次规划调整为“两横六纵”，新增2条高速公路，分别为成都—双流机场—蒲江—丹棱—青神—井研—宜宾—珙县—高县—筠连—川滇界、成都—天府国际机场—资阳—安岳—川渝界。

航空方面，成都天府国际机场与成都双流国际机场共同形成了中国西部最大的区域性国际航空枢纽。

高新区：在这里看见成都

30年前，从肖家河的一片农田上开始筑梦，成都高新区创新发展之旅启航。如今在产业引领、创新驱动下，这里已经成为国际创新要素云集之地。

30年后，梳理成都高新区的嬗变脉络时会发现，这是一部创新的鸿篇巨制。创新如何在这里发生，如何产生加速度，如何走向国际、融入全球，光影交织，既在历史里，也在现实中。

从筹建期40万元的开办费，到2011年成都高新区集中建设区产业增加值突破700亿元大关；从当初2.5平方千米的“起步区”，到如今130平方千米的空间规模；从南部园区生产出的第一部磁卡电话，到西部园区封装测试出的第一块芯片……创新改变中国。成都高新是中国宏大创新的一个部分。成都高新既是中国创新的见证者和参与者，也将跟随中国创新进程在更大的空间里迈向新的高度。

▷▷▷新时代的“成都印象”

“只要来到这里，立刻就能感受到扑面而来的创新活力。”这不仅是人们初来成都高新区的感觉，就连天天在区内工作的“上班族”也有这样的强烈感受。一过城南天府立交，天府新城年轻而昂扬向上的建筑风格，以及在这里工作的众多充满活力和激情的年轻面孔，都很容易给人留下深刻的印象。

从代表“老成都”形象的宽窄巷子到最具创新活力的成都高新区，节奏、韵律、“气场”迥异，“慢”成都与“快”成都的意境交替变幻，“盖碗茶”的馥郁与高科技的激情，水乳交融、相得益彰。

“这里是电影《杜拉拉升职记》的现实版。知道我在哪里吗？成都高新！”第一天来到成都高新区国际广场一家企业实习的李明悦难掩激动和兴奋，马上在自己的微博上上传了现代感十足的“船屋”照片。

这座“船屋”曾经给很多人留下了深刻记忆。2010年8月，当《中国国家形象宣传片》通过英国广播电视公司和美国有线电视公司的卫星信号向全世界播放时，人们注意到，升起的太阳划过布达拉宫和故宫，洒在了一栋高耸的船形建筑上。这座“船屋”就是成都高新区管委会所在地。

事实上，在成都高新区造就的产业与城市融合发展的“天府新城”里，这样极具现代感的建筑已经星罗棋布。这也许可以说明，成都高新区正在以自己时尚、现代的风格，取代已为人所熟知的熊猫和茶馆，成为新的“成都印象”。

自1991年以来，这个位于中国西部地区的国家级高新区，一方面肩负着推动创新型国家建设的“国家使命”，另一方面承载着推动区域经济发展的“区域责任”，产业规模从小到大，综合实力由弱变强，目前已成为中国内陆发展环境最优，以及中西部高端产业招商引资成效最显著、创新创业资源最富集、对区域经济拉动最强劲的区域之一。

在高端产业快速发展、创新资源快速聚集的背后是人才规模的不断扩大和人才层次的不断提升。在高层次人才招引方面，2009年，成都高新区被中央组织部批准为“海外高层次人才创新创业基地”。留学归国人员已在成都高新区创办企业近500家，成功培育了地奥、国腾、迪康、海特、成飞集成、硅宝、迈普、奥泰、索尔思、亚连、和芯微、爱斯特等一批拥有自主知识产权、具有核心竞争优势的成功企业。

2019年，成都高新区的地区生产总值达到2 285.56亿元，在全国高新区中排名第3位，拥有各类型企业8万多家，注册资本达6 800多亿元。

▷▷▷在创新中进阶

“产业发展是高新区的生命线”，在高新人看来，这是一个不言自明的道理。三十年来，高新区步步为营，不断积蓄优势、成长壮大，经历了筹建期、创业期、成长期、跨越期四个阶段。

1988—1990年，是成都高新区的筹建期。1988年3月成都高新区开始筹备，同年7月获成都市人民政府批准，同年10月获四川省人民政府批准，1990年2月获国家科技部批准，规划面积达24.6平方千米，先期开发2.5平方千米。1990年，高新区实现产业增加值1 990万元、工业增加值1 300万元。

1991—2000年，成都高新区步入成长期。1991年3月6日，成都高新区被国务院批准为全国首批国家级高新技术产业开发区，产业定位为现代通信、生物制药、计算机多媒体技术、光机电（机电一体化）、精细化工、环保技术和新能源、新材料等。1996年，成都市委、市政府对成都高新区进行了区划调整，赋予成都高新区市级经济管理权限，并将规划面积扩展为47平方千米，将产业定位修订为电子与信息技术、生物医药工程、食品工业。这一时期，成都高新区形成了由起步区、冯家湾工业园、新加坡工业园等组成的一区多园的产业格局，拥有西门子、阿尔卡特、普天、鼎天、地奥制药、恩威制药、吉泰安制药、迪康药业、旺旺食品、新成食品、美登高等一批重点企业。2000年，实现产业增加值41.2亿元、工业增加值16.9亿元。

2001—2006年，是成都高新区的成熟期。2001年，随着西部园区的并入，成都高新区逐渐形成了由南部园区和西部园区组成的产业布局，规划面积扩展到68平方千米，产业定位再次修订为电子信息、生物医药、现代制造（航空航天技术）。2003年，成都高新区的规划面积扩大到近80平方千米，初步确定了以电子信息、生物医药、精密机械制造三大产业为主的产业定位。这一时期，英特尔、中芯国际、宇芯、芯源、成芯等企业加快落户，集成电路产业集群逐渐形成。2005年，实现产业增加值140.8亿元、工业增加值66.2亿元。2006年，成都高新区成为全国首批“创建世界一流高科技园区”试点单位。

自2007年以来，成都高新区进入了产业层次升级、创新能力增强、产业规模做大的跨越式发展阶段，规划面积逐步扩大至130平方千米。这一时期，成都高新区先后引进了京东方、深天马、虹视、中光电等企业，光电显示产业快速聚集，成都已成为全国重要的光电显示产业核心城市。富士康、戴尔、联想等一批企业的落户加快推动了成都高新区终端制造业的崛起，让成都终于彻底告别了IT产业“缺芯少魂”的时代。在高端制造业加快突破的同时，软件及服务外包产业取得了突飞猛进的发展，成都高新区拥有11个软件类国家级产业基地，全球软件20强中有13家落户，软件企业总数达800余家，成都已成为中国第二大信息安全产品研发生产基地、第三大游戏产品研发运营中心和中西部3G通信企业聚集度最高最具产业活力的区域，整体产业规模和水平居于全国前列。此外，总部经济和金融等高端服务业也呈现出加快聚集态势，成都高新区的产业竞争力显著提升，成为中西部高端产业招商引资成效最为显著、创新创业资源最为富集、对区域经济拉动最为强劲的区域之一。

进入新世纪以后，在信息技术和物流发展的驱动下，产业要素在全球范围内加速流动。而即使在地处中国西部腹地的成都高新区，也能感受到全球创新经济的巨大磁场。成都高新区不断深化对产业发展规律和区域发展优势的认识，积极寻找参与全球经济新格局的机会。正是在这一阶段，成都高新区坚持“改革”与“开放”并举，通过面向全球的“外引”而“强筋健骨”，通过连续性的“内培”而“舒筋活血”，形成了内外联动双驱动的发展态势。

生活在成都的老百姓共同见证了成都高新区从无到有、由小做大、由量变到质变的30年。**在国家、省、市的大力支持下，成都高新区不仅向人们展示了其高端产业发展、创新要素聚集、现代新城异军突起的光辉成就，而且为区域书写了30年的奋斗历程，在区域培育起了深厚的创新创业土壤、企业家精神和突出的国际化参与能力。**

当前，区域经济发展的目标已由追求速度转向追求质量。同其他国家级高新区一样，成都高新区也处于这样的转向之中。

根据高新区官方披露的相关数据，截至2019年年底，高新区的产业结构调整为0. 9：32. 7：66. 4，第三产业的比重超过六成，远超过第一产业和第二产业的总和。

这一变化，让许多人对成都高新区的产业结构有了全新的认识：成都高新区经济稳增长的动力引擎，已由工业“一枝独秀”带动，转变为“多极支撑”共同拉动。

这是一个区域产业发展进步的典型特征，也是经济迈向高质量发展的具体体现。许多发达地区的经济发展，都是在第二产业发展到一定程度后，通过“互联网+”、数字化转型等手段，为传统产业赋能，拓展现代服务业的发展空间。

当下，高端制造业、营利性服务业、生物医药产业、金融业、商贸业、建筑业等，构成了成都高新区产业“多极支撑”的格局。

这种格局，是多年“苦心经营”的成果。一个真实的故事：2005年，成都高新区决定在南区核心区启动建设天府软件园。而在2004年以前，这块土地已规划做他用，但为了抢抓互联网和移动互联网“风口”，成都高新区果断调整了产业布局思路。经过15年深耕，作为首批国家软件产业基地之一的天府软件园，区域年总产值已超600亿元，孵化出了一大批高新技术企业，从这里走出的极米科技、医联等，已经成为成都本土企业中的佼佼者。

如何继续保持产业竞争力？在紧抓工业发展不放松的同时，成都高新区加大对现代服务业发展的投入力度，在一些新赛道上扮演好引领者角色，比如5G、新经济等。

新赛道上成都高新区已有布局和行动。2020年4月初，高新区启动了成都5G智慧城先导区深度城市设计方案国际征集，谋划在新川创新科技园内，打造高质量科创空间、高品质生活示范区标杆项目和具有全球影响力的人工智能创新应用示范先导区，力争在5G产业中形成领跑态势。

产业空间的增长是有极限的，产业规模的潜力却是无限的，而科技创新能大大激发产业发展潜力。创新，始终是成都高新区最鲜明的特征之一，助推着成都高新区经济的快速发展。

相关数据显示：包括成都高新区在内的169家国家级高新区，已成为我国科技创新体系的重要组成部分和区域创新高地，集聚了全国70%以上的国家工程研究中心、国家工程实验室，拥有全国37.3%的高新技术企业……

作为贡献者之一，成都高新区没有自满，而是一直在横向比较中寻找自身不足。“在高层级创新平台数量、国家级研发机构数量、领军型高技术企业数量等方面，成都高新区与全国一流高科技园区还有一定差距。”成都高新区相关负责人列举了这样一组数据：成都高新区拥有的国家级研发机构数仅有126家，在全国前10的国家级高新区中排名第8，仅为中关村的三分之一。

2020年4月，成渝两地高新区达成了联手共建具有全国影响力的科技创新中心的战略协议。紧抓成渝地区双城经济圈建设战略机遇，双方将共同打造成渝科创走廊，构建“成渝总部研发+周边成果转化”协同创新及成果转化模式，推动创新成果在科创走廊沿线园区产业化；同年5月初，成都高新区对外发布《关于科技创新驱动高质量发展的若干政策》，提出每年设立3000万元资金，支持关键核心技术攻关和研发共性平台建设……

成都高新区把国别园区建设作为提高开放的重要途径。2020年5月20日当天，国家发改委正式批复成都等国内6个城市建设中日地方发展合作示范区后不久，中日（成都）地方发展合作示范区就在成都高新区正式挂牌成立。

成立当天，伊藤洋华堂BPO（Business Process Outsourcing）中国区总部项目、中日动漫街区等项目签约入驻示范区。

成都高新区主要负责人提出，要高度重视人在成都高新区发展中无可取代的核心地位，探路高质量发展。围绕吸引人、留住人，成都高新区正在加快完善和提升“城市公共服务”等方面的布局。“我们将推动一批具有引领性、示范性的特色项目，塑造人、城、境、业高度和谐统一的新型城市形态。”

2020年8月20日，成都高新区签约腾讯、网易两家新经济头部企业。之后，腾讯全国新文创总部、网易成都数字产业基地相继落地。此前，百度智能驾驶项目、快手直播电商全国总部、爱奇艺成都AI&大数据高级研发中心等新经济头部企业项目已在此布局。2020年8月25日，字节跳动创新业务中心落户成都高新区。截至2020年8月底，成都高新区已聚集9万余家新经济企业，累计培育瞪羚企业383家、独角兽企业5家。

成都高新区聚焦5G通信与人工智能、网络视听与数字文创、大数据与网络安全等，以瞪羚谷产业社区、骑龙湾产业社区、AI创新中心、中国-欧洲中心、新川创新科技园和天府软件园为载体，加快建设成都新经济活力区。

2020年，成都高新区将持续推进基本公共服务设施“三年攻坚”行动，新建铁像寺社区综合体等项目101个；推动教育事业发展更加公平、更有质量，全年新开办中小学及幼儿园21所、新增学位12 810个；完善重大疫情防控体制机制，加快省中西医结合医院高新医院建设……

此外，2020年成都高新区还将加快推进620万平方米人才公寓续建项目建设，启动60万平方米人才公寓新开工项目，加快人才公寓上市供应，启动172万平方米已达预售条件的人才公寓售卖，为各类人才提供优质的安居服务。

在中央、省、市政府的领导下，成都高新区坚持把产业发展作为高新区的“生命线”，坚持科学的产业定位，坚持围绕产业抓招商，坚持围绕产业抓服务，努力通过加快产业发展和科技创新，为推进创新型国家建设和区域经济发展做出贡献。成都高新人正在不断地攻坚克难，把产业发展推向一个又一个高峰。

参考文献

［1］国家信息中心．西部大开发中的城市化道路——成都城市化模式案例研究［M］．北京：商务印书馆，2010．

［2］成都市高新技术产业开发区管理委员会．高新之光：一个国家级高新区的三十年华丽蜕变［M］．北京：中国发展出版社，2018．

［3］成都市文化体制改革和文化产业发展领导小组办公室，成都市社会科学院．创意城市蓝皮书：成都市文化创意产业发展报告［M］．北京：社会科学文献出版社，2019．

［4］吴智，陈道国．托普发展借壳川长征上市案例分析［J］．创新科技，2002（5）：32-33．

［5］魏雅华．眺望：新世纪第二个十年的中国汽车工业［J］．汽车工业研究，2012（1）：16-19．

［6］周如刚．打造全球卓越的输液专业制造商——以四川科伦药业股份有限公司为例［J］．现代经济信息，2020（7）：50-52．

［7］杨刚．浪潮涌动下的成都：生活遇上新经济［J］．财富时代，2019（7）：19-22．

［8］熊筱伟，王眉灵．中国软件“入主”迈普通信［N］．四川日报，2015-09-12．

［9］史晓露，蒋君芳．成都确立新时代“三步走”战略目标［N］．四川日报，2017-12-12．

［10］许凤婷. 奥泰医疗：要做核磁共振界的“奔驰”［N］. 每日经济新闻，2011-09-01.

［11］许凤婷，杨小粤. 小市场挖掘大纵深 西南首个民营机构获DNA司法鉴定牌照［N］. 每日经济新闻，2011-06-16.

［12］余蕊均，谢孟欢. 高质量推动新发展　成都定下2018经济目标［N］. 每日经济新闻，2017-12-29.

［13］羽博. 3D生物血管打印机问世 蓝光发展入局千亿美元市场［N］. 中国经营报，2015-10-31.

［14］张守帅. 产业布局调整背后的成都转型逻辑［N］. 四川日报，2017-07-03.

［15］汪子旭. 重塑产业功能区领跑成都新经济［N］. 经济参考报，2019-12-17.

［16］王怀，梁现瑞，方小虎. 仁宝集团成都制造基地项目正式开工[N/OL].[2011-01-02].http://www.sc.chinanews.com/szbd/2011-01-20/3100.html.

［17］熊筱伟. 签约！腾讯更多项目将落地成都［N/OL］. 四川日报，［2017-12-04］. http://www.sc.gov.cn/10462/10778/10876/2017/12/4/10440581.shtml.

［18］黄启恒. 成都高新区万亿级电子信息产业集群的逐梦路径[EB/OL].[2018-07-20].http://www.cdht.gov.cn/cdhtz/c121791/2019-01/26/content_c454bed9f3d148aea7b02e17ad927758.shtml.

［19］搜狐网. 京东方第六代OLED进展顺利，综合良率已达65%[EB/OL].[2018-06-15]. https://m.sohu.com/a/236011536_116588.

［20］腾讯财经. 大众汽车品牌中国携手一汽-大众成立新合资企业 将提供车辆互联服务[EB/OL].[2019-03-19]. https://new.qq.com/cmsn/20190319/20190319003644.html? Pc.

［21］马天帅，余文龙. 成都民企收购美国医疗器械公司一波三折［EB/OL］.［2011－11－30］. http://scnews.newssc.org/system/2011/11/30/013382233_01.shtml.

［22］陈利. 成都市高新区力争在5年内打造2 000亿元产业集群［EB/OL］.［2012－07－13］. http://www.sc.gov.cn/10462/10464/10465/10595/2012/7/13/10217904.shtml.

读懂这大地

这里是成都，从“泽国赤盆”到“天府之国”，从西南腹地到开放前沿，承袭历史，夙夜匪懈，成都已然飞跃发展成为中国“第四城”。

成都2019年实现地区生产总值1.7万亿元、增长7.8%，排名全国城市第七，2020年受疫情影响，依然由负转正，经济社会可望实现既定目标，佳绩来之不易。

放眼全球，如成都之耀眼的城市屈指可数。无论是经济总量、产业结构还是生态环境，成都的发展都可圈可点。探寻成都的成功之道，找寻城市发展的动力之源，是拙作的初心，奈何写作日久，过程也算一波三折、呕心沥血，但无论怎么样去书写、修改，直至付梓，仍觉得对成都的刻画不全面、不生动、不细腻、不周全，成都的精彩万万千，落在纸笔却不足以表达其万一，若有以偏概全、贻笑大方之处，还望海涵。

作为一名成都人，将对这座城市和这片土地的感情演绎为一本书，最终获得出版发行，一方面是自己深耕成都这片土地所见的侧影，这些侧影多少折射出这座城市和城市人的时代命运；另一方面，也希望这本书能成为一艘穿越时空的小艇，带读者漫游在成都现代产业发展史的长河中，从而找准立足的方位。

要真正解读清楚成都这1.4万平方千米的土地与两千万人民的关

系，助力成都发展，还需万千读者群策群力。苏格拉底在《申辩篇》中曾说："未经审视的人生不值得一过。"愿阅读此书的读者朋友们，可参考这句格言的观点。不要笑话这本书的粗陋，请和我一起去观察这座视域深广的历史之城；不要笑话著述的拙笨，请和我一起参与到建设成都的行列中。

书中涉及产业、经济等诸多方面，以及改革开放以来几十年的幻化变迁，为了尽量求得刻画的精准确切，得到了多位专家的帮助和指导，就不一一道谢了。需要查阅的资料很多，有些或不容易找到或数据准确性需严谨考证，四处求教于师友，获益也颇为良多。

凡是过往，皆为序章。成都走在成渝地区双城经济圈、西部大开发形成新格局、国内循环为主体国际国内双循环新发展格局的大道上，前路漫漫，风景无限，祝愿明天更好。

在此，感谢年迈的父母对我的支持，也感谢师友们的鼓励与帮助。对西南财经大学出版社诸位编辑的辛勤付出，谨致以由衷的谢忱。

是为记。

2020 年 9 月于成都